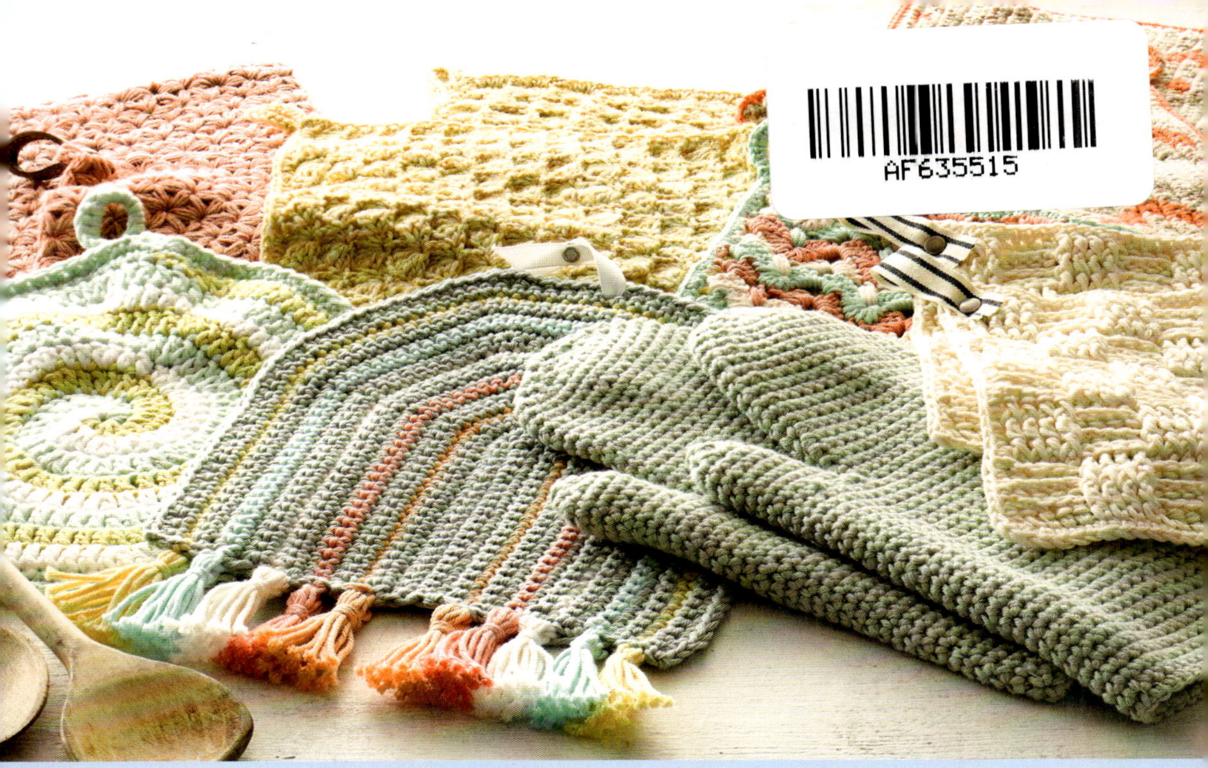

Gehäkelte Topflappen erleben momentan ein großes Revival. Kein Wunder, denn der Häkel-Klassiker ist ganz schnell gemacht und selbst mit Grundkenntnissen können tolle Ergebnisse erzielt werden. Zudem sind die praktischen Alltagshelfer eine hübsche Dekoration für die Küche. Und auch als Geschenk sind gehäkelte Topflappen immer willkommen.

Die Auswahl an Einsteigermodellen und an Modellen für erfahrene Häklerinnen bietet für jeden Geschmack und jeden Wissensstand das Richtige. Die kleinen Projekte sind schnell gemacht und perfekt zum Üben und Ausprobieren neuer Häkelmuster.

Aber Vorsicht, das Häkeln von Topflappen kann süchtig machen und ruck, zuck ist ein ganzer Stapel entstanden.

Jennifer Stiller

Blümchen an Blümchen

raffiniertes Jasminmuster

GRÖSSE
ca. 22 cm x 22 cm

MATERIAL
- Schachenmayr Organic Cotton (LL 155 m/50 g) in Rose (Fb 35), 100 g
- Häkelnadel 3,0 mm
- Wollnadel
- Lederband in Rehbraun, 20 cm lang
- 2 Buchschrauben
- Lochzange
- Schraubenzieher

MASCHENPROBE
Im Grundmuster mit Nd 3,0 mm
7 M und 7 R
= 10 cm x 10 cm

Büschelmasche mit 3 Umschlägen

3x [1 U auf die Nd legen, in die entsprechende M einstechen und den Faden holen, die Arbeitsschlinge etwa 1 cm lang ziehen].
Es liegen nun 7 Schlingen auf der Nd. Den Arbeitsfaden mit dem Daumen und Zeigefinger unten festhalten (siehe Abb. 1) und den Faden durch alle 7 auf der Nd befindlichen Schlingen ziehen. Den Arbeitsfaden nicht loslassen, sondern durch diese Schlaufe noch 1 fM häkeln (siehe Abb. 2). Dabei die Fäden auf Arbeitshöhe ziehen, damit sich die Büschel-M nicht zusammenzieht.

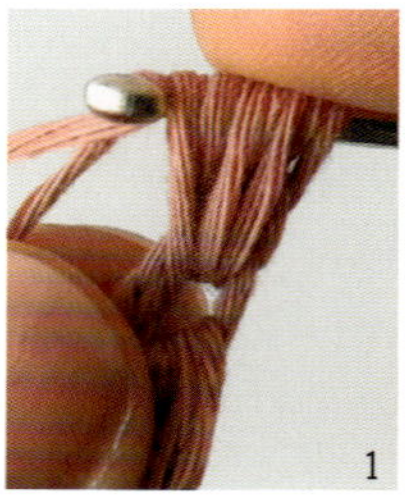
1

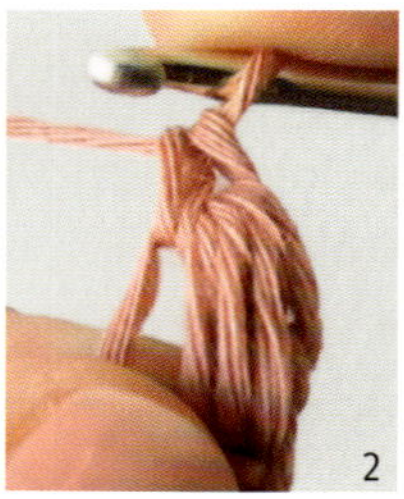
2

Anleitung

1. R: 1 Lm anschl. In diese Lm 1 Büschel-M mit 3 U häkeln, 1 Lm. Dann * 1 Büschel-M mit 3 U in die zuletzt gehäkelte fM, 1 Lm, ab * noch 13x wdh (= 15 Büschel-M).
2. R: 1 Büschel-M mit 3 U in die zuletzt gehäkelte fM, 1 Lm. * 3x [1 U, Faden holen] in die zuletzt gehäkelte fM, 3x [1 U, Faden holen] in die folgende fM der 1. R, 3x [1 U, Faden holen] in die nächste fM der 1. R. Es liegen nun 19 Schlingen auf der Nd. Den Arbeitsfaden wieder mit dem Daumen und dem Zeigefinger festhalten und den Faden durch alle auf der Nd befindlichen Schlingen ziehen. Den Arbeitsfaden nicht loslassen, sondern durch diese Schlaufe noch 1 fM häkeln, 1 Lm, ab * fortlaufend wdh. Die Arbeit wenden.
3. R: 1 Büschel-M mit 3 U in die zuletzt gehäkelte fM, 1 Lm. Dann * 3x [1 U, Faden holen] in die zuletzt gehäkelte fM, 3x [1 U, Faden holen] in die fM der letzten R, 3x [1 U, Faden holen] in die folgende fM der letzten R. Den Arbeitsfaden festhalten und den Faden durch alle auf der Nd befindlichen Schlingen ziehen. Den Arbeitsfaden nicht loslassen, sondern durch diese Schlaufe noch 1 fM häkeln, 1 Lm, ab * fortlaufend wdh. Die Arbeit wenden.
Die 3. R fortlaufend wdh, bis der Topflappen eine Höhe von ca. 21 cm hat. Den Faden trennen und durchziehen.

Fertigstellen

Die Fäden vernähen. Den Topflappen anfeuchten, auf die vorgegebene Größe spannen und gut trocknen lassen.
Für den Aufhänger das Lederband auf eine Länge von 10 cm schneiden. In die Enden mit der Lochzange je ein Loch stechen. Den Topflappen zwischen das Lederband legen, die Buchschraube durch beide Löcher und die obere Ecke des Topflappens stecken und festziehen.
Den zweiten Topflappen ebenso arb.

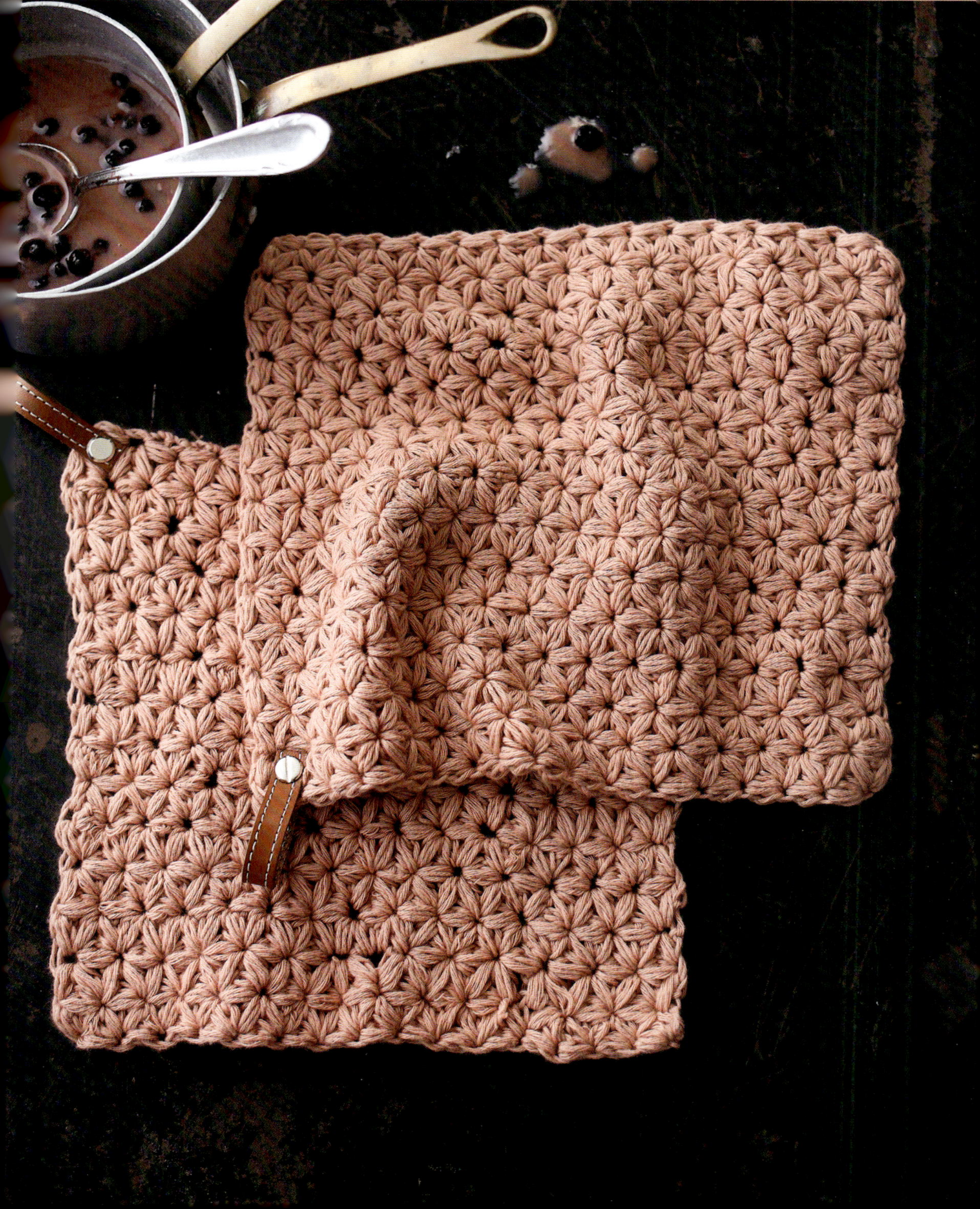

Das robuste, glatte Garn hebt die Struktur schön hervor.

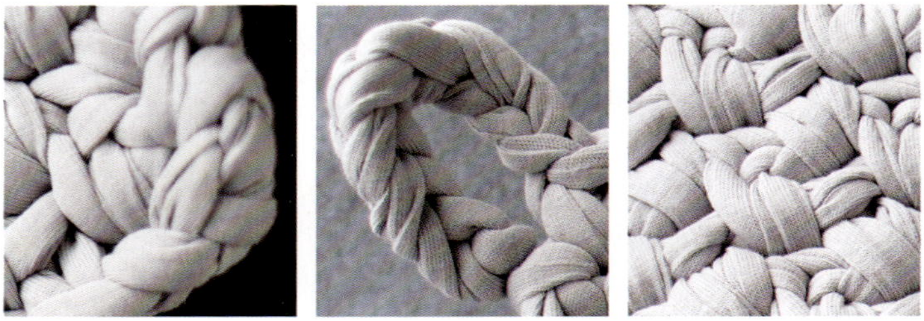

Griffig

aus T-Shirt-Garn

GRÖSSE
ca. 21 cm x 21 cm

MATERIAL

- ReTwisst T-Shirt Yarn (500 g) in Grau
- Häkelnadel 10,0 mm
- Wollnadel

MASCHENPROBE
Im Grundmuster mit Nd 10,0 mm 8 M und 7 R = 10 cm x 10 cm

Anleitung

16 Lm und 1 Wende-Lm locker anschl.
1. R: * 1 fM, 1 Lm, 1 M überspringen, ab * fortlaufend wdh. Dabei die 1. fM in die 2. Lm von der Nd aus arb. Die R mit 2 fM beenden. 1 Wende-Lm, Arbeit wenden (= 16 M).
2. R: * 1 fM, 1 Lm, 1 M überspringen. Dann * 1 fM um die Lm der Vor-R, 1 Lm, 1 M überspringen, ab * fortlaufend wdh. Die R mit 2 fM beenden. 1 Wende-Lm, Arbeit wenden (= 16 M).
Die 2. R fortlaufend wdh, bis der Topflappen eine Höhe von 22 cm hat. Den Faden nicht abschneiden.

Fertigstellen

Für den Aufhänger eine Schlaufe mit 9 Lm häkeln. Dann die Fäden vernähen. Den zweiten Topflappen ebenso arb.

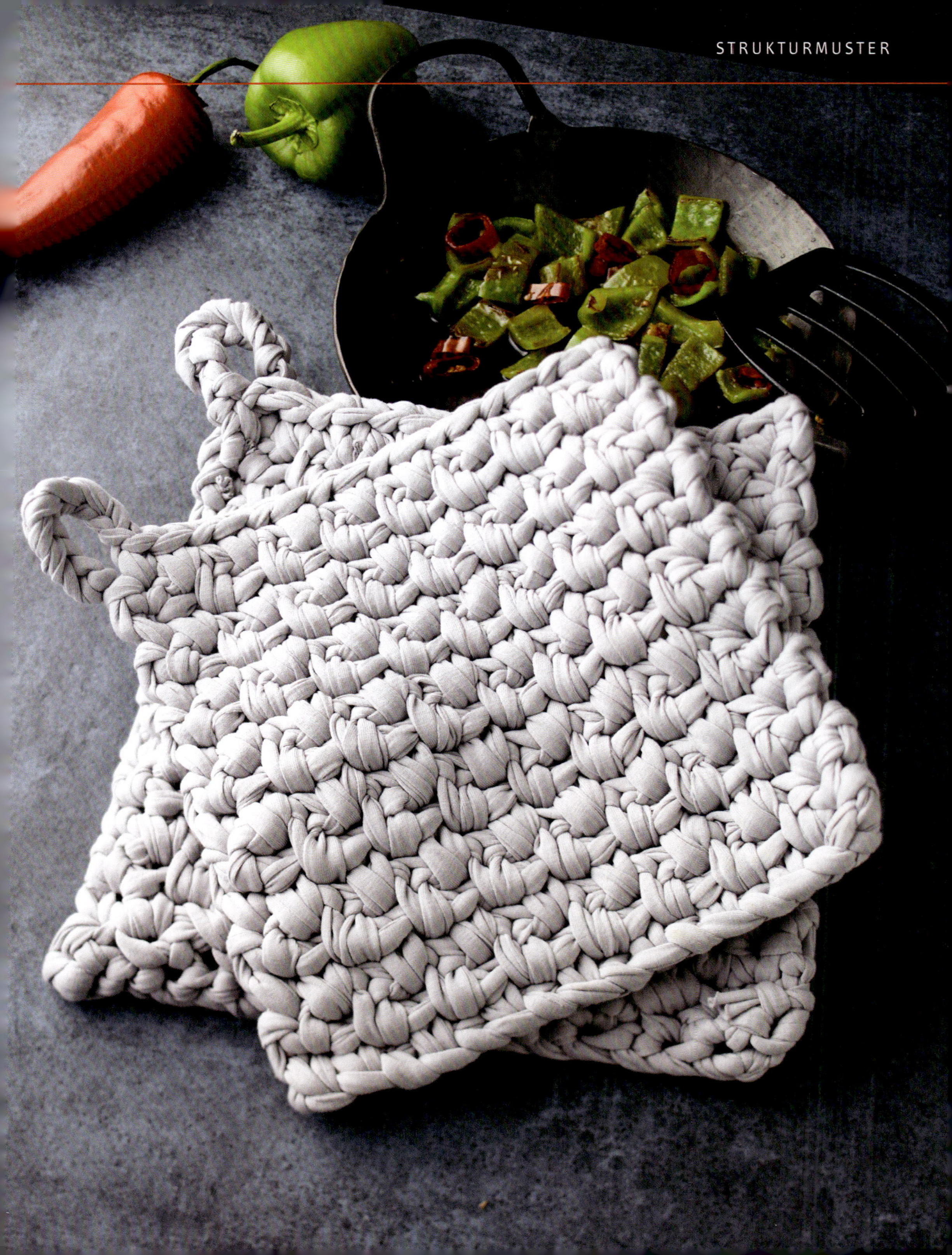

Das zurückhaltende Schwarz überlässt dem plastischen Muster den großen Auftritt.

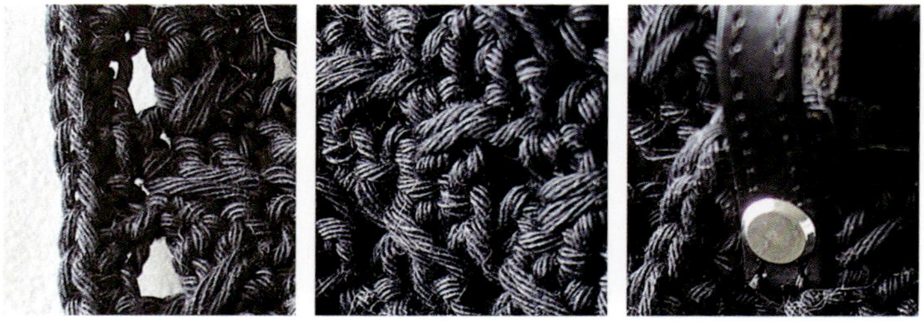

Edles Schwarz

im Wellen-Reliefmuster

GRÖSSE

ca. 20 cm x 20 cm

MATERIAL

- Schachenmayr Catania Grande (LL 63 m/50 g) in Schwarz (Fb 3110), 150 g (wer fest häkelt, kommt auch mit 100 g aus)
- Häkelnadel 4,0 mm
- Wollnadel
- Lederband in Schwarz, 20 cm
- 2 Buchschrauben
- Lochzange
- Schraubenzieher

MASCHENPROBE

Im Grundmuster mit Nd 4,0 mm 17 M und 7,5 R = 10 cm x 10 cm

Anleitung

31 Lm und 3 Wende-Lm locker anschl.
1. R: 1 Stb in die 5. Lm von der Nd aus, 1 Stb, 1 Stb 3 M zurückgehend (über beide zuvor gehäkelten Stb). Dann * 1 M überspringen, 2 Stb, 1 Stb zurückgehend in die übersprungene M (über beide zuvor gehäkelten Stb), ab * fortlaufend wdh. Mit 1 Stb die R beenden. 3 Wende-Lm, Arbeit wenden (= 32 M).
2. R: * 1 M überspringen, 2 Stb, 1 Stb zurückgehend in die übersprungene M (über beide zuvor gehäkelten Stb), ab * fortlaufend wdh. Mit 1 Stb in die 3. Wende-Lm die R beenden. 3 Wende-Lm, Arbeit wenden (= 32 M).
Die 2. R fortlaufend wdh, bis der Topflappen eine Höhe von 19 cm hat, dabei mit einer Rückr enden. Nach der letzten R 1 Wende-Lm arb und die Arbeit wenden.

Fertigstellen

Die Arbeit mit fM umhäkeln. Dabei in jeder Ecke 3 fM in 1 M häkeln. Die Rd mit 1 Km schließen. Den Faden trennen und durchziehen. Die Fäden vernähen. Für den Aufhänger das Lederband auf eine Länge von 10 cm schneiden. In die Enden mit der Lochzange je ein Loch stechen. Den Topflappen zwischen das Lederband legen, die Buchschraube durch beide Löcher und die obere Ecke des Topflappens stecken und festziehen. Den zweiten Topflappen ebenso arb.

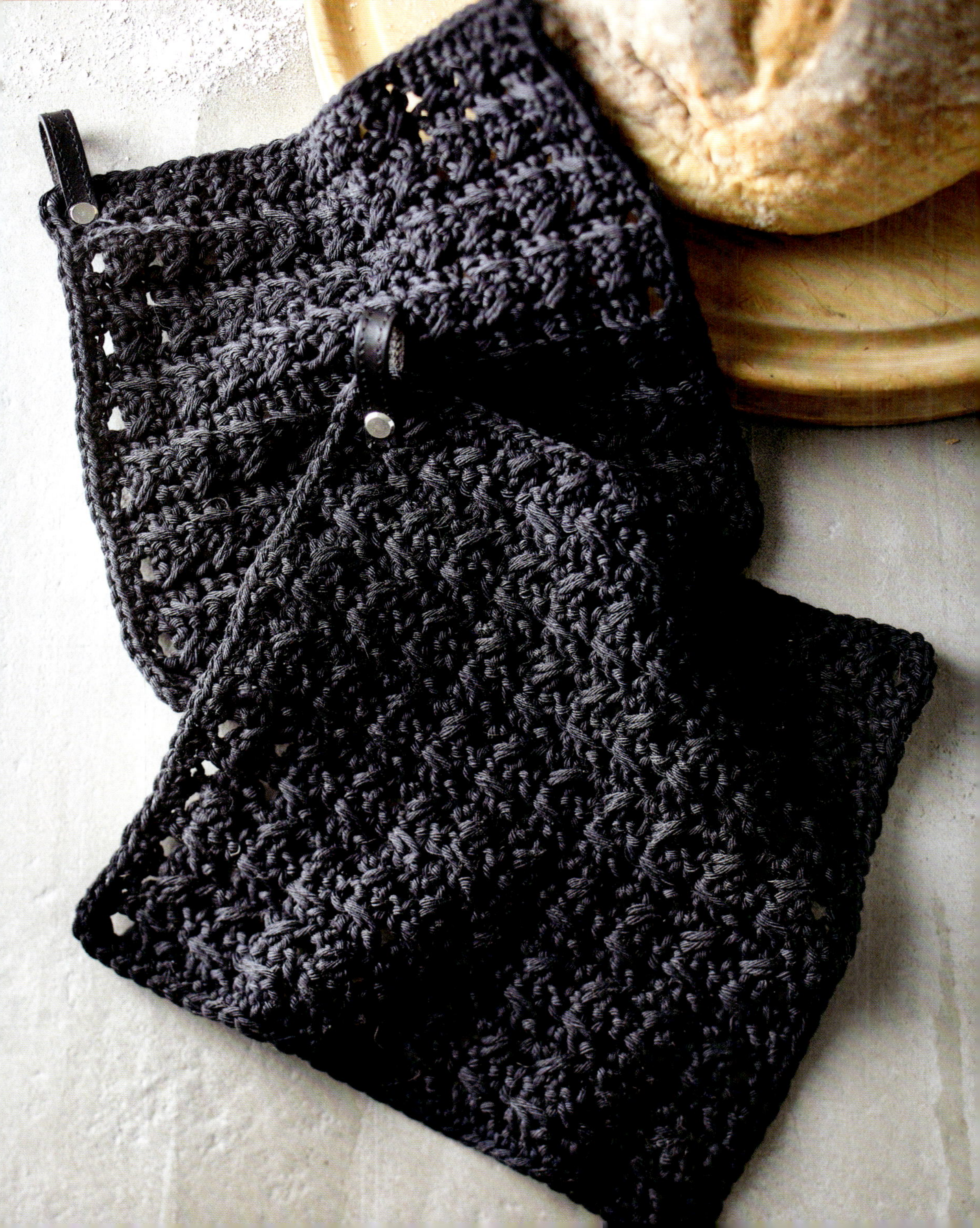

Schön schräg

feines Reliefmuster

GRÖSSE
ca. 21 cm x 21 cm

MATERIAL
- Lana Grossa Pima (LL 125 m/50 g) in helles Graublau (Fb 34), 100 g
- Häkelnadel 3,5 mm
- Wollnadel
- Lederband in Schwarz, 20 cm
- 2 Buchschrauben
- Lochzange
- Schraubenzieher

MASCHENPROBE
Im Grundmuster mit Nd 3,5 mm 19 M und 12 R = 10 cm x 10 cm

Anleitung

41 Lm und 3 Wende-Lm locker anschl.
1. R: In jede M 1 Stb häkeln, dabei das erste Stb in die 4. Lm von der Nd aus arb. 2 Wende-Lm (für 1 hStb), Arbeit wenden (= 42 M).
2. R: * 2 Relief-Stb von vorn, 2 Relief-Stb von hinten, ab * fortlaufend wdh. Mit 1 hStb in die 3. Wende-Lm die R beenden. 2 Wende-Lm, Arbeit wenden (= 42 M).
3. R: 1 Relief-Stb von hinten, * 2 Relief-Stb von vorn, 2 Relief-Stb von hinten, ab * fortlaufend wdh. Mit 2 Relief-Stb von vorn, 1 Relief-Stb von hinten und 1 hStb in die 2. Wende-Lm die R beenden. 2 Wende-Lm, Arbeit wenden (= 42 M).
4. R: * 2 Relief-Stb von hinten, 2 Relief-Stb von vorn in die 2. Wende-Lm, ab * fortlaufend wdh. Mit 1 hStb die R beenden. 2 Wende-Lm, Arbeit wenden (= 42 M).
5. R: 1 Relief-Stb von vorn, * 2 Relief-Stb von hinten, 2 Relief-Stb von vorn, ab * fortlaufend wdh. Mit 2 Relief-Stb von hinten, 1 Relief-Stb von vorn und 1 hStb in die 2. Wende-Lm die R beenden. 2 Wende-Lm, Arbeit wenden (= 42 M).
6. R: * 2 Relief-Stb von vorn, 2 Relief-Stb von hinten, ab * fortlaufend wdh. Mit 1 hStb in die 2. Wende-Lm die R beenden. 2 Wende-Lm, Arbeit wenden (= 42 M).
Die 3.-6. R fortlaufend wdh, bis der Topflappen eine Höhe von 20 cm hat. Dabei mit einer 4. oder 6. R (= Rückr) enden.
Nach der letzten R 1 Wende-Lm arb und die Arbeit wenden.

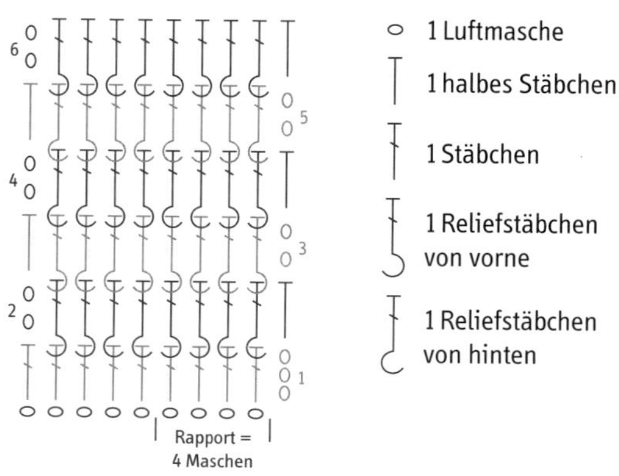

Fertigstellen

Die Arbeit mit fM umhäkeln. Dabei in jeder Ecke 3 fM in 1 M häkeln. Die Rd mit 1 Km schließen. Den Faden trennen und durchziehe. Die Fäden vernähen.
Für den Aufhänger das Lederband auf eine Länge von 10 cm schneiden. In die Enden mit der Lochzange je ein Loch stechen. Den Topflappen zwischen das Lederband legen, die Buchschraube durch beide Löcher und die obere Ecke des Topflappens stecken und festziehen.
Den zweiten Topflappen ebenso arb.

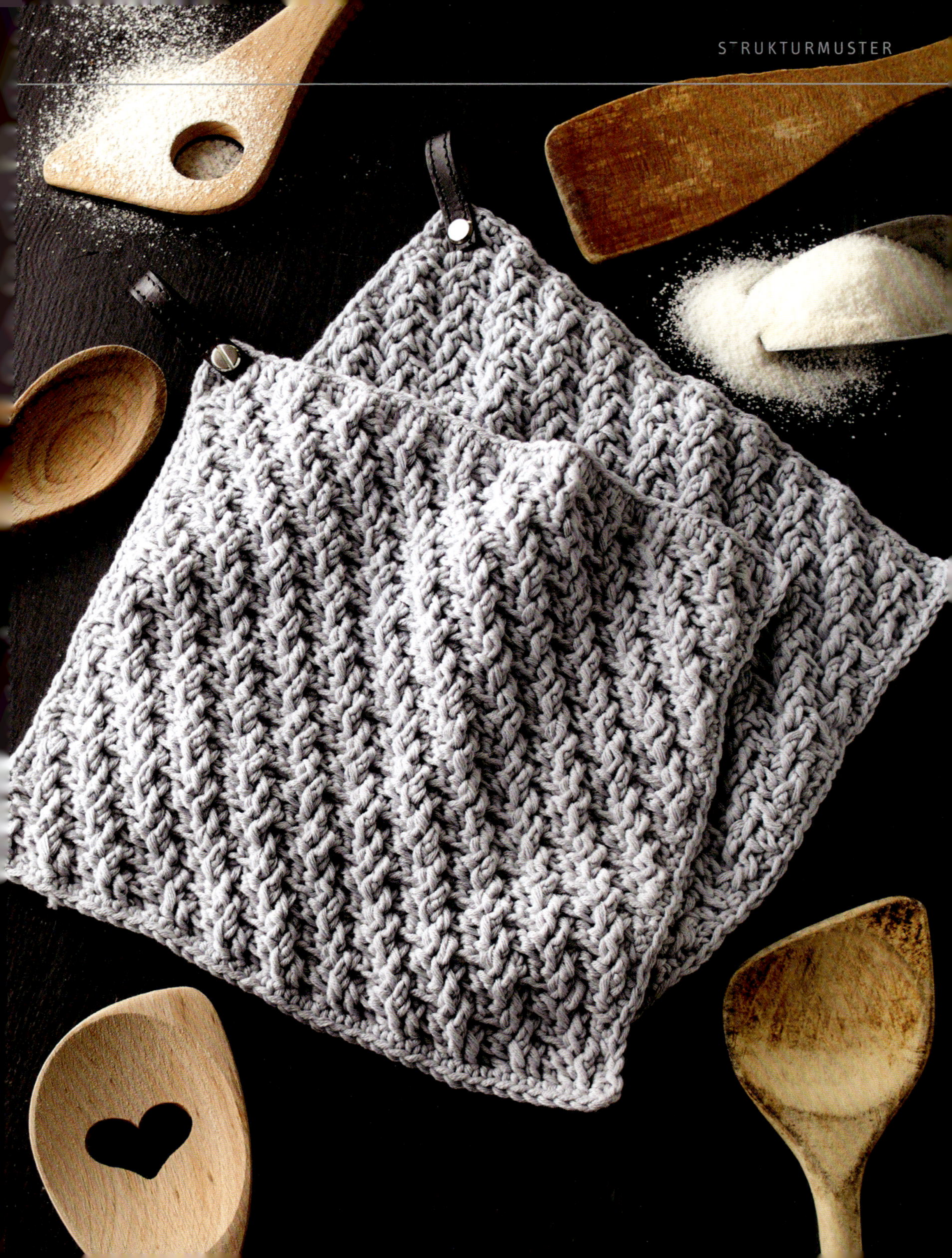

Runde Sache

Dekorative Büschelmaschen

GRÖSSE
ø ca. 20 cm

MATERIAL
- Lana Grossa Linea Pura Organico (LL 90 m/50 g) in Marone (Fb 117), 100 g
- Häkelnadel 4,0 mm
- Wollnadel
- Lederband in Rehbraun, 20 cm
- 2 Buchschrauben
- Lochzange
- Schraubenzieher

MASCHENPROBE
Im Grundmuster mit Nd 4,0 mm 17 M und 8 Rd = 10 cm x 10 cm

Büschelmasche

3x [1 U auf die Nd legen, den Faden holen] in dieselbe Einstichstelle. Es liegen insgesamt 7 Schlingen auf der Nd. Den Faden holen und durch alle Schlingen auf der Nd ziehen.

Anleitung

5 Lm locker anschl und mit 1 Km zum Ring schließen. In diesen Ring wie folgt arb:
1. Rd: 2 Lm (zählen nicht als M), dann * 1 Büschel-M, 1 Lm, ab * noch 7x wdh. Die Rd mit 1 Km in die 1. Büschel-M schließen (= 8 Büschel-M).
In den folgenden Rd die Büschel-M um die Lm der Vor-Rd arb, d. h. zwischen 2 Büschel-M der Vor-Rd häkeln:
2. Rd: 1 Km in die 1. Lm der Vor-Rd, 2 Lm (zählen nicht als M), dann jede Büschel-M verdoppeln wie folgt: * 2x [1 Büschel-M + 1 Lm] um die Lm der Vor-Rd, ab * fortlaufend wdh. Die Rd mit 1 Km in die 1. Büschel-M schließen (= 16 Büschel-M).
3. Rd: 1 Km in die 1. Lm der Vor-Rd, 2 Lm (zählen nicht als M), dann jede 2. Büschel-M verdoppeln wie folgt: * 2x [1 Büschel-M + 1 Lm] um die Lm der Vor-Rd, um die folgende Lm jeweils 1 Büschel-M und 1 Lm häkeln, ab * fortlaufend wdh. Die Rd mit 1 Km in die 1. Büschel-M schließen (= 24 Büschel-M).
4. Rd: 1 Km in die 1. Lm der Vor-Rd, 2 Lm (zählen nicht als M), dann jede 3. Büschel-M verdoppeln wie folgt: * 2x [1 Büschel-M + 1 Lm] um die Lm der Vor-Rd, um die folgenden 2 Lm jeweils 1 Büschel-M und 1 Lm häkeln, ab * fortlaufend wdh. Die Rd mit 1 Km in die 1. Büschel-M schließen (= 32 Büschel-M).
5. Rd: 1 Km in die 1. Lm der Vor-Rd, 2 Lm (zählen nicht als M), dann jede 4. Büschel-M verdoppeln wie folgt: * 2x [1 Büschel-M + 1 Lm] um die Lm der Vor-Rd, um die folgenden 3 Lm jeweils 1 Büschel-M und 1 Lm häkeln, ab * fortlaufend wdh. Die Rd mit 1 Km in die 1. Büschel-M schließen (= 40 Büschel-M).
6. Rd: 1 Km in die 1. Lm der Vor-Rd, 2 Lm (zählen nicht als M), dann jede 5. Büschel-M verdoppeln wie folgt: * 2x [1 Büschel-M + 1 Lm] um die Lm der Vor-Rd, um die folgenden 4 Lm jeweils 1 Büschel-M und 1 Lm häkeln, ab * fortlaufend wdh. Die Rd mit 1 Km in die 1. Büschel-M schließen (= 48 Büschel-M).
7. Rd: 1 Km in die 1. Lm der Vor-Rd, 2 Lm (zählen nicht als M), dann jede 6. Büschel-M verdoppeln wie folgt: * 2x [1 Büschel-M + 1 Lm] um die Lm der Vor-Rd, um die folgenden 5 Lm jeweils 1 Büschel-M und 1 Lm häkeln, ab * fortlaufend wdh. Die Rd mit 1 Km in die 1. Büschel-M schließen (= 56 Büschel-M).
8. Rd: 1 Lm (zählt als fM), dann in jede M 1 fM häkeln. Die Rd mit 1 Km in die 1. Lm schließen (= 112 M).
Den Faden trennen und durchziehen

Fertigstellen

Fäden vernähen. Den Topflappen anfeuchten, auf die vorgegebene Größe spannen und gut trocknen lassen.
Für den Aufhänger das Lederband auf eine Länge von 10 cm schneiden. In die Enden mit der Lochzange je ein Loch stechen. Den Topflappen zwischen das Lederband legen, die Buchschraube zwischen 2 Büschel-M stecken und festziehen.
Den zweiten Topflappen ebenso arb.

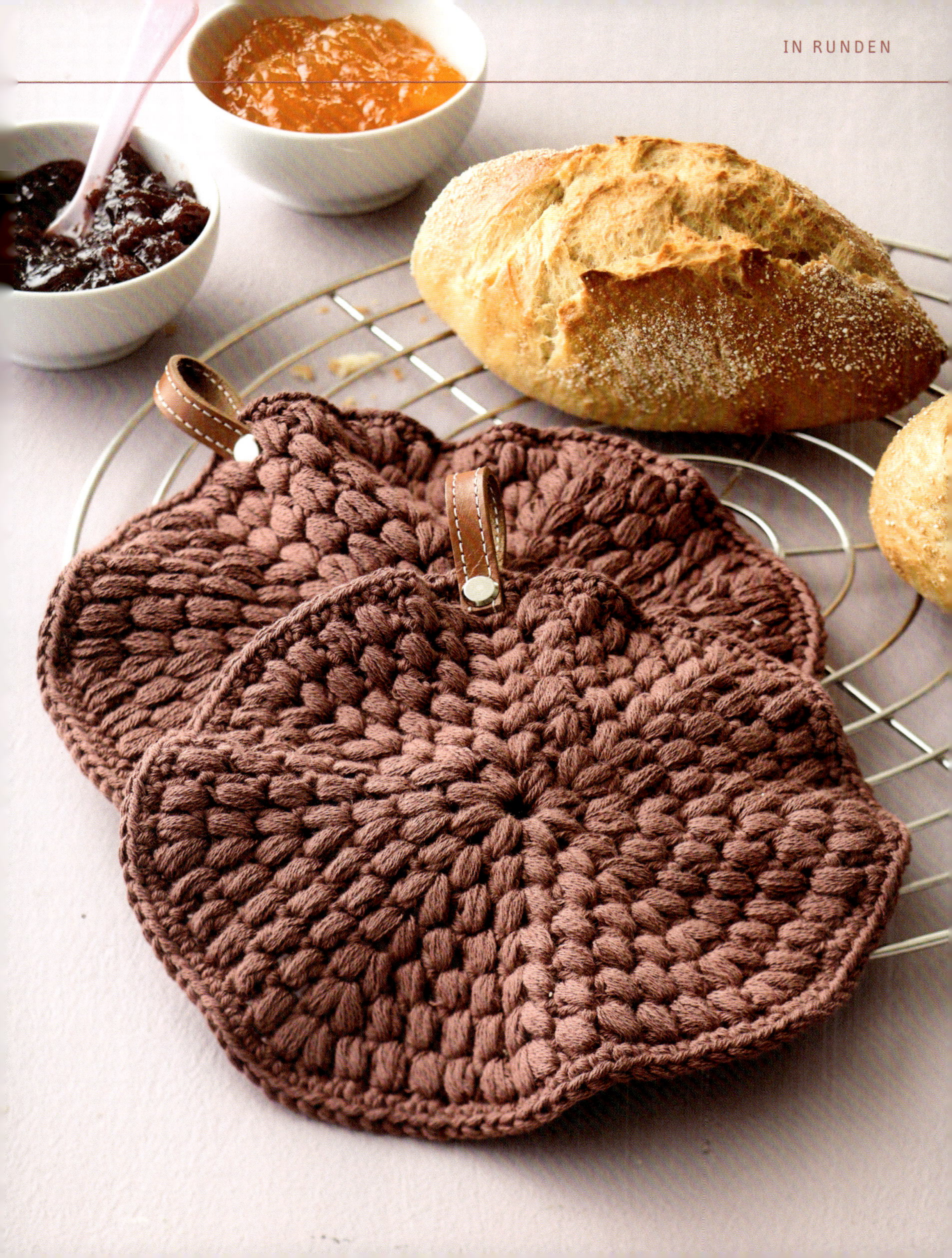

Die Kombination von Muschelmuster und meliertem Garn wirkt sehr lebendig.

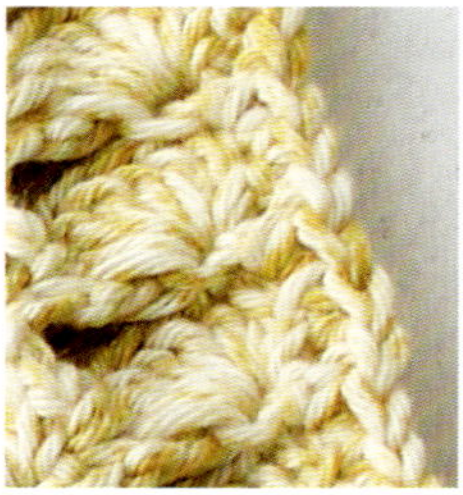

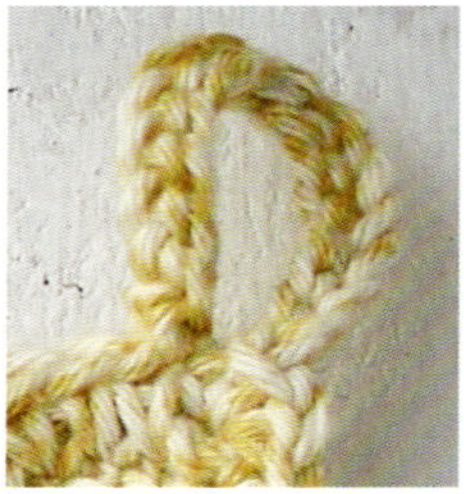

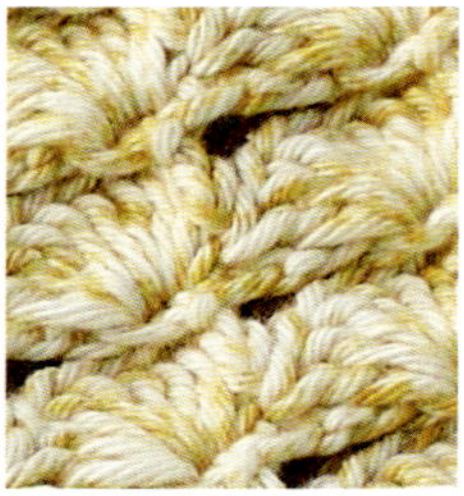

Sommerlaune

meliert im Muschelmuster

GRÖSSE
ca. 20 cm x 20 cm

MATERIAL
- Rico Design Creative Ricorumi Spray (LL 57,5 m/25 g) in Gelb (Fb 01), 100 g
- Häkelnadel 3,0 mm
- Wollnadel

MASCHENPROBE
Im Grundmuster mit Nd 3,0 mm 20 M und 14 R = 10 cm x 10 cm

Anleitung

41 Lm und 1 Wende-Lm locker anschl und wie folgt im Muschelmuster häkeln:

1. R (= Rückr): 1 fM in die 2. Lm von der Nd aus arb. Dann *3 Lm, 3 M überspringen, 1 fM, ab* fortlaufend wdh. 1 Wende-Lm, Arbeit wenden (= 41 M).

2. R (= Hinr): *[1 fM + 1 Lm + 7 Stb] in die folgende fM (= 1 Muschel), ab* fortlaufend wdh. Die R mit 1 fM beenden. 1 Wende-Lm, Arbeit wenden (= 41 M).

3. R (= Rückr): 1 fM, dann *3 Lm, 1 fM in das letzte Stb der Muschel der Vor-R, ab* fortlaufend wdh. 1 Wende-Lm, Arbeit wenden (= 41 M).

4.-27. R: Die 2. und 3. R noch 12x wdh (= 41 M). Den Faden nicht abschneiden.

Fertigstellen

Die Arbeit wenden und den Topflappen wie folgt umhäkeln: 1 fM, dann *3 tiefer gestochene fM in die ersten 3 Stb der Muschel der vorletzten R, 1 fM, ab* fortlaufend wdh. In die letzte M 3 fM häkeln (= 1. Ecke). Weiter die Seiten und die untere Kante mit fM umhäkeln. In jeder Ecke 3 fM in 1 M häkeln. Die Rd mit 1 Km schließen.

Für den Aufhänger 14 Lm häkeln und mit 1 Km in der M links neben der Lm-Kette am Topflappen befestigen. 1 Lm, dann die Lm-Kette mit Km zurückhäkeln. Den Faden trennen und durchziehen. Alle Fäden vernähen. Den Topflappen anfeuchten, auf die vorgegebene Größe spannen und gut trocknen lassen.

Den zweiten Topflappen ebenso arb.

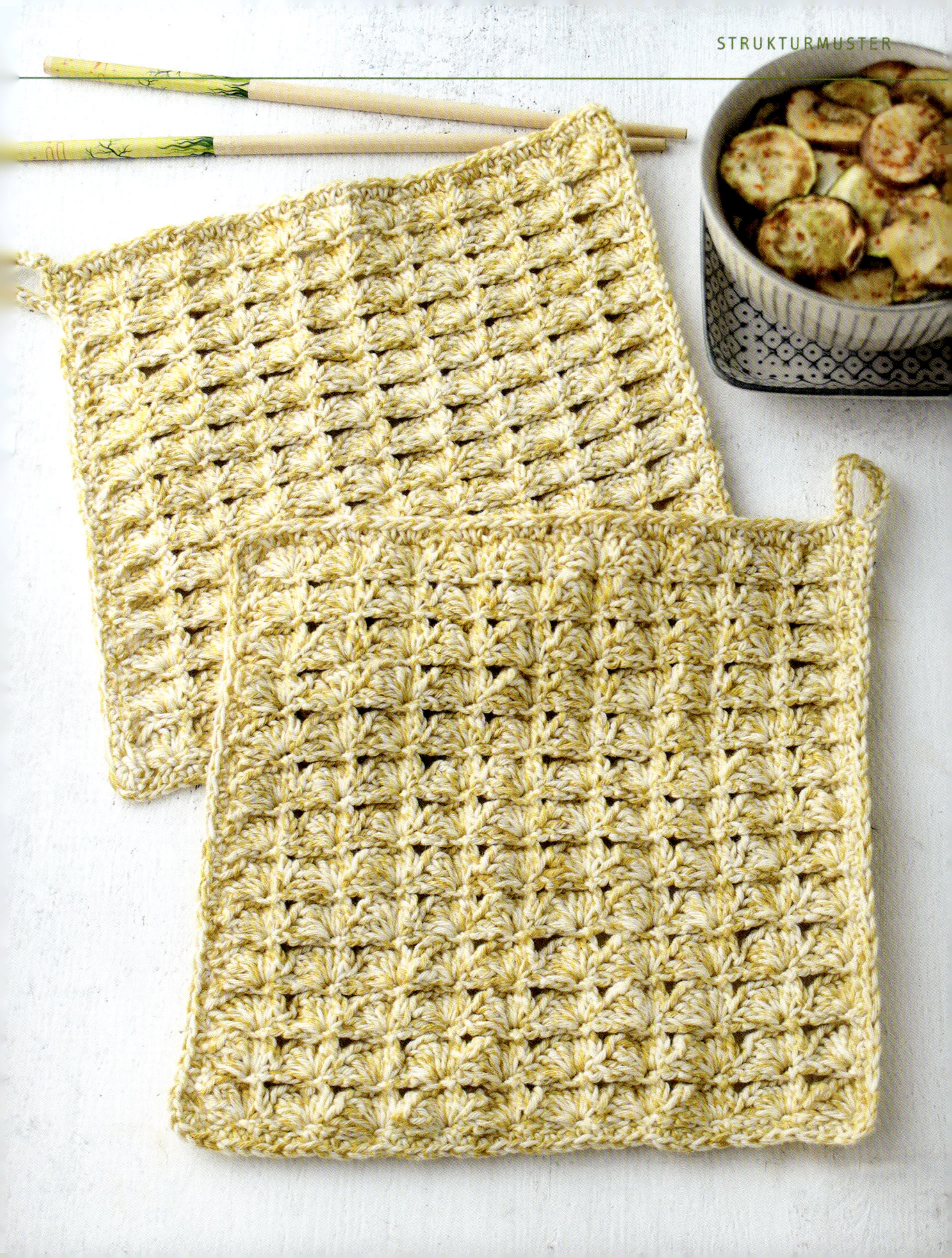

Das klassisch-elegante Muster ist sehr wirkungsvoll, aber auch supereinfach zu häkeln.

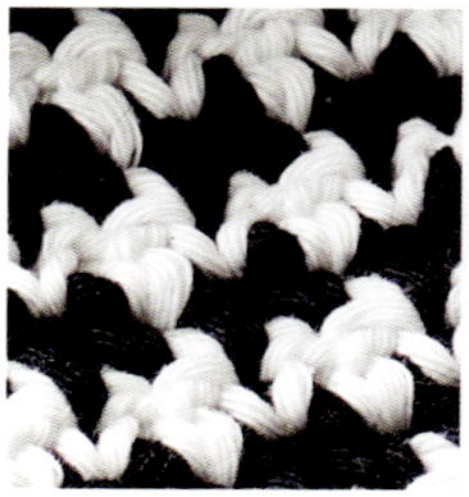

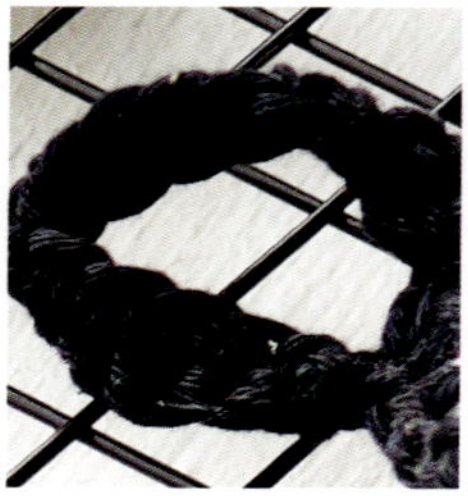

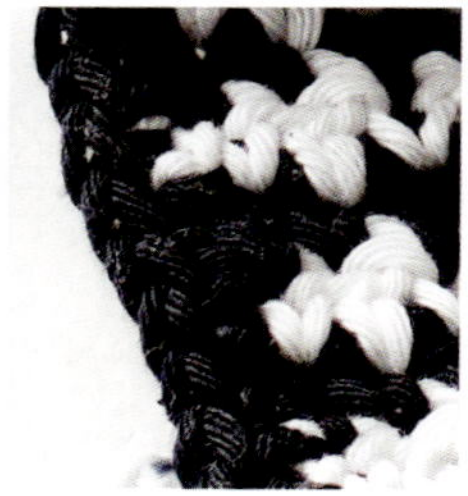

Black and White

edles Hahnentrittmuster

GRÖSSE
ca. 20 cm x 20 cm

MATERIAL

- Buttinette Woll Butt Topflappengarn Uni (LL 85 m/50 g) in Weiß (Fb 132.66), 50 g und Schwarz (Fb 132.65), 100 g
- Häkelnadel 4,0 mm
- Wollnadel

MASCHENPROBE
Im Grundmuster mit Nd 4,0 mm 16 M und 11 R = 10 cm x 10 cm

Farbfolge

Den Lm-Anschlag in Schwarz häkeln, dann je 1 R in Schwarz und 1 R in Weiß im Wechsel häkeln. Der Faden wird stets mitgeführt.

Hinweis: Beim Farbwechsel die letzte M der einen Fb schon mit der neuen Fb abmaschen, damit ein exakter Farbübergang entsteht.

Anleitung

In Schwarz 32 Lm und 1 Wende-Lm locker anschl. Nun wie folgt häkeln, dabei die oben angegebene Farbfolge beachten:
1. R: * 1 fM, 1 Stb, ab * fortlaufend wdh. Dabei die 1. fM in die 2. Lm von der Nd aus arb. 1 Wende-Lm, Arbeit wenden (= 32 M).
2. R: * 1 fM, 1 Stb, ab * fortlaufend wdh. 1 Wende-Lm, Arbeit wenden (= 32 M).
Die 2. R fortlaufend wdh, bis der Topflappen eine Höhe von 19 cm hat. Mit einer R in Schwarz enden. Den Faden nicht abschneiden.

Fertigstellen

Den Topflappen mit fM umhäkeln, dabei in jeder Ecke 3 fM in 1 M häkeln. Die Rd mit 1 Km schließen.
Für den Aufhänger 12 Lm häkeln und mit 1 Km in der M rechts neben der Lm-Kette am Topflappen befestigen. 1 Lm, dann die Lm-Kette mit fM zurückhäkeln. Den Faden trennen und durchziehen. Alle Fäden vernähen. Den Topflappen anfeuchten, auf die vorgegebene Größe spannen und gut trocknen lassen.
Den zweiten Topflappen ebenso arb.

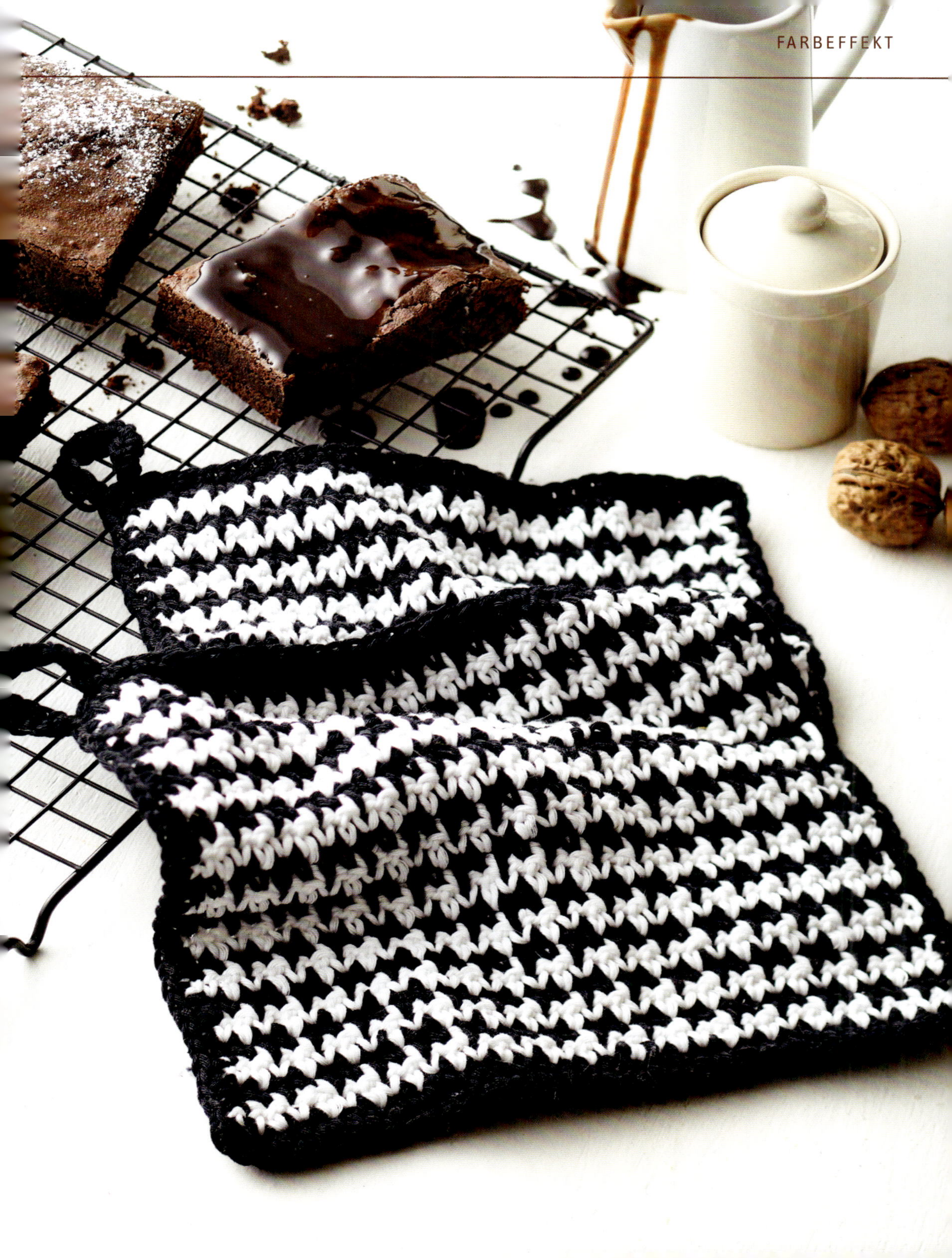

Blaues Relief

zweifarbiges Strukturmuster

Tiefer gestochenes Relief-Doppelstäbchen von vorn

In der 3. R wird 2 R tiefer um die fM, ab der 5. R wird 2 R tiefer um das tiefer gestochene Relief-DStb gearbeitet.

Farbfolge

Je 2 R in Denim und 2 R in Nebel arb.

Hinweis: **Beim Farbwechsel die letzte M der einen Fb schon mit der neuen Fb abmaschen, damit ein exakter Farbübergang entsteht.**

Anleitung

In Denim 44 Lm und 1 Wende-Lm locker anschl und wie folgt häkeln, dabei die oben angegebene Farbfolge beachten.

1. R: In jede M 1 fM häkeln, dabei die 1. fM in die 2. Lm von der Nd aus häkeln. 3 Wende-Lm (für 1 Stb), Arbeit wenden (= 44 M).

2. R: In jede M 1 Stb häkeln. 1 Wende-Lm, Arbeit wenden (= 44 M).

3. R: 3 fM, * 1 tiefer gestochenes Relief-DStb (2 R tiefer, 2 M zurückgehend), 1 tiefer gestochenes Relief-DStb (2 R tiefer, 2 M vorgehend), 4 fM, ab * fortlaufend wdh. Die R mit 3 fM beenden. 3 Wende-Lm, Arbeit wenden (= 44 M).

4. R: In jede M 1 Stb häkeln. 1 Wende-Lm beenden, Arbeit wenden (= 44 M).

5. R: 1 fM, * 1 tiefer gestochenes Relief-DStb (um das tiefer gestochene Relief-DStb), 4 fM, 1 tiefer gestochenes Relief-DStb (um das folgende tiefer gestochene Relief-DStb), ab * fortlaufend wdh. Die R mit 1 fM beenden. 3 Wende-Lm, Arbeit wenden (= 44 M).

6. R: In jede M 1 Stb häkeln. 1 Wende-Lm, Arbeit wenden (= 44 M).

7. R: 3 fM, 1 tiefer gestochenes Relief-DStb (um das tiefer gestochene Relief-DStb), * 1 tiefer gestochenes Relief-DStb (um das folgende tiefer gestochene Relief-DStb), 4 fM, 1 tiefer gestochenes Relief-DStb (um das tiefer gestochene Relief-DStb), ab * fortlaufend wdh. Die R mit 1 tiefer gestochenen Relief-DStb (um das tiefer gestochene Relief-DStb) und 3 fM beenden. 3 Wende-Lm, Arbeit wenden (= 44 M).

Die 4.-7. R fortlaufend wdh, bis der Topflappen eine Höhe von 20 cm hat. Dabei mit der 5. oder 7. R enden.

Den Faden in Nebel abschneiden, den Faden in Denim nicht trennen.

Fertigstellen

Nach der letzten R die Arbeit nicht wenden, sondern den Topflappen in Denim mit fM umhäkeln. Mit 1 Lm beginnen und in jeder Ecke 3 fM in 1 M häkeln. Die Rd mit 1 Km schließen.

Für den Aufhänger 16 Lm häkeln und mit 1 Km in der M rechts neben der Lm-Kette am Topflappen befestigen. 1 Lm, dann die Lm-Kette mit Km zurückhäkeln. Den Faden trennen und durchziehen. Alle Fäden vernähen.

Den Topflappen anfeuchten, auf die vorgegebene Größe spannen und gut trocknen lassen.

Den zweiten Topflappen ebenso arb.

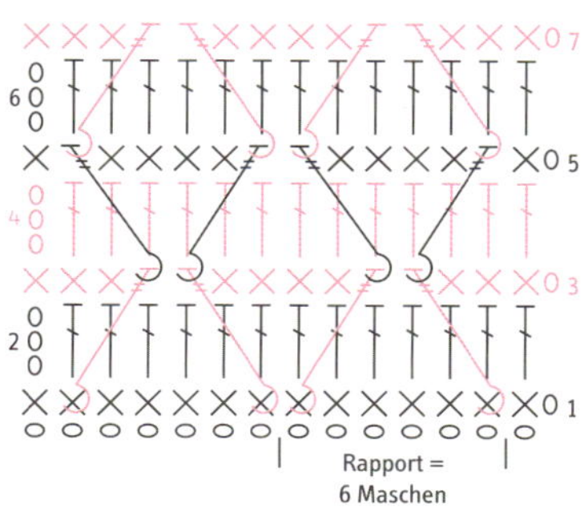

○ 1 Luftmasche

× 1 feste Masche

1 Stäbchen

1 tiefer gestochenes Reliefdoppelstäbchen von vorne: In der 3. Reihe wird 2 Reihen tiefer um die feste Masche, ab der 5. Reihe wird 2 Reihen tiefer um das tiefer gestochene Reliefdoppelstäbchen gearbeitet. Dabei jeweils wie gezeichnet vor- bzw. zurückgehend arbeiten.

GRÖSSE
ca. 21 cm x 21 cm

MATERIAL
- Schachenmayr Catania (LL 125 m/50 g) in Nebel (Fb 434) und Denim (Fb 421), je 50 g
- Häkelnadel 3,0 mm
- Wollnadel

MASCHEN-PROBE
Im Grundmuster mit Nd 3,0 mm 22 M und 16 R = 10 cm x 10 cm

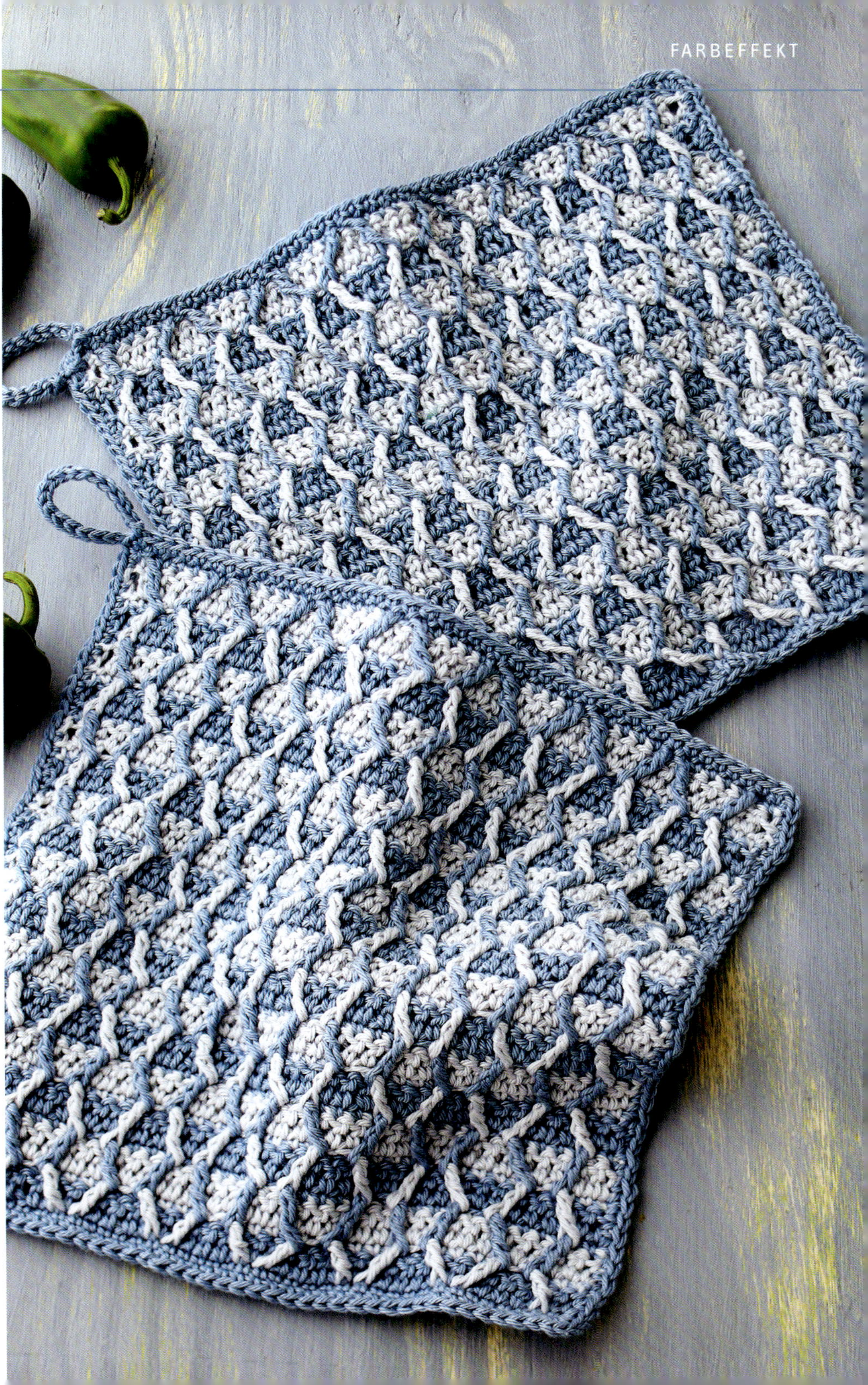

Lollipop

fröhliche Farbspiralen

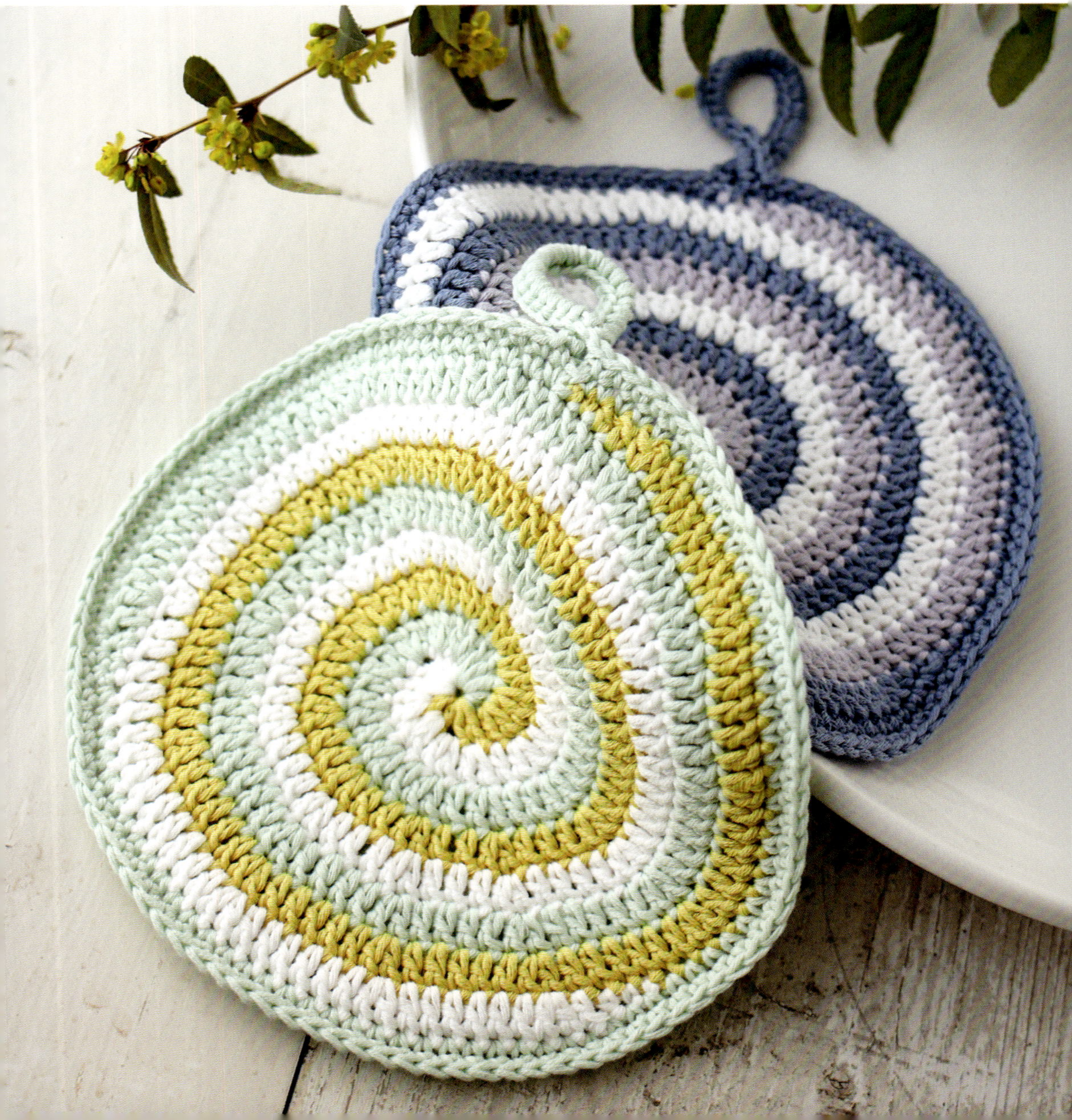

GRÖSSE

ø ca. 23 cm

MATERIAL
VARIANTE 1

- Lana Grossa Linea Pura Organico (LL 90 m/50 g)
  Fb 1: Weiß (Fb 07),
  Fb 2: Gelb (Fb 134),
  Fb 3: Helles Grün (Fb 80), je 50 g

VARIANTE 2

- Lana Grossa Linea Pura Organico (LL 90 m/50 g)
  Fb 1: Weiß (Fb 07),
  Fb 2: Lavendel (Fb 88),
  Fb 3: Hellblau (Fb 101), je 50 g
- Häkelnadel 4,5 mm
- 3 Maschenmarkierer
- Wollnadel

MASCHENPROBE

Stb mit Nd 4,5 mm
15 M und 7 Rd
= 10 cm x 10 cm

Anleitung

Jeweils einen Topflappen in jeder Farbkombination häkeln.

Vorderseite

Es wird in Spiral-Rd gehäkelt. Beim Farbwechsel wird jeweils ein M-Markierer in den Kopf des letzten Stb gesetzt, sodass das Garn nicht aufribbelt.

Mit Fb 1 und Nd 4,5 mm einen Magic-Ring fertigen und wie folgt häkeln:

1. Rd: Mit Fb 1 in den Ring: 1 Lm, 1 fM, 1 hStb, 2 Stb, M-Markierer in das letzte Stb setzen. Nun mit Fb 2 in den Ring: 1 fM, 1 hStb, 2 Stb, M-Markierer in das letzte Stb setzen. Jetzt mit Fb 3 in den Ring: 1 fM, 1 hStb, 2 Stb, M-Markierer in das letzte Stb setzen (= 12 M).

2. Rd: Mit Fb 3 arb: je 2 Stb in die nächsten 4 M (= 1 fM, 1 hStb, 2 Stb, die mit Fb 1 gehäkelt wurden). M-Markierer in das letzte Stb setzen. Nun mit Fb 1 weiterhäkeln: je 2 Stb in die 4 nächsten M, die mit Fb 2 gehäkelt wurden. M-Markierer in die Schlaufe des letzten Stb setzen. Mit Fb 2 weiterhäkeln: je 2 Stb in die 4 nächsten M, die mit Fb 3 gehäkelt wurden. M-Markierer in die Schlaufe des letzten Stb setzen (= 24 Stb).

3. Rd: Mit Fb 2 weiterhäkeln: * 1 Stb in das nächste Stb, 2 Stb in das nächste Stb, ab * noch 3x wdh, M-Markierer in die Schlaufe des letzten Stb setzen. Mit Fb 3 weiterhäkeln: ** 1 Stb in das nächste Stb, 2 Stb in das nächste Stb, ab ** noch 3x wdh, M-Markierer in die Schlaufe des letzten Stb setzen. Nun mit Fb 1 weiterarb: *** 1 Stb in das nächste Stb, 2 Stb in das nächste Stb, ab *** noch 3x wdh. M-Markierer in die Schlaufe des letzten Stb setzen (= 36 M).

4. Rd: Mit Fb 1 weiterhäkeln: * je 1 Stb in die nächsten 2 Stb, 2 Stb in das nächste Stb, ab * noch 3x wdh, M-Markierer in die Schlaufe des letzten Stb setzen. Mit Fb 2 weiterarb: ** je 1 Stb in die nächsten 2 Stb, 2 Stb in das nächste Stb, ab ** noch 3x wdh. M-Markierer in die Schlaufe des letzten Stb setzen. Nun mit Fb 3 weiterhäkeln: *** je 1 Stb in die nächsten 2 Stb, 2 Stb in das nächste Stb, ab *** noch 3x wdh. M-Markierer in die Schlaufe des letzten Stb setzen (= 48 M).

Nach diesem Prinzip fortfahren, dabei den Farbwechsel beibehalten und in jeder Rd 1 Stb mehr zwischen den Zunahmen häkeln, bis ein Durchmesser von ca. 21 cm (= 96 Stb) erreicht ist. Anschließend mit jeder Fb noch 1 Stb, 1 hStb, 1 fM, 1 Km häkeln. Faden abschneiden und durchziehen.

Rückseite

Es wird in Spiral-Rd gehäkelt.

Mit Fb 3 und Nd 4,5 einen Magic-Ring fertigen und wie folgt häkeln:

1. Rd: 1 Lm, 1 fM, 1 hStb, 10 Stb in den Ring (= 12 M).

2. Rd: 2 Stb in jede M (= 24 M).

3. Rd: * 1 Stb in das nächste Stb, 2 Stb in das nächste Stb, ab * noch 5x wdh (= 36 M).

4. Rd: * Je 1 Stb in die nächsten 2 Stb, 2 Stb in das nächste Stb, ab * noch 5x wdh (= 48 M).

Nach diesem Prinzip fortfahren, dabei in jeder Rd 1 Stb mehr zwischen den Zunahmen häkeln, bis ein Durchmesser von ca. 21 cm (= 96 Stb) erreicht ist. Anschließend noch 1 Stb, 1 hStb, 1 fM und 1 Km häkeln. Den Faden nicht abschneiden.

Fertigstellen

Die Rückseite und die Vorderseite aufeinanderlegen und mit Fb 3 wie folgt zusammenhäkeln: 1 fM durch beide Teile, 25 Lm für den Aufhänger, dann 1 fM in jede M rundum durch beide Teile, anschließend 25 fM um die Lm für den Aufhänger und enden mit 1 Km in die 1. fM der Rd. Faden abschneiden, durchziehen und vernähen.

Eiskristalle

tiefer gestochene Strahlen

GRÖSSE

ø ca. 19 cm

MATERIAL

- Lana Grossa Linea Pura Organico (LL 90 m/50 g) in Weiß (Fb 07), Zartlila (Fb 88) und Taubenblau (Fb 101), je 50 g
- Häkelnadel 4,0 mm
- Wollnadel
- 2 Fix-Aufhänger in Weiß

MASCHENPROBE

Im Grundmuster mit Nd 4,0 mm 19 M und 16 Rd = 10 cm x 10 cm

Strahlen-Masche

Ausgehend von der nächsten zu häkelnden M werden insgesamt 5 Schlingen aus den angegebenen M geholt. Alle Schlingen werden auf Arbeitshöhe gezogen.

1. Schlinge: 2 M zurückgehend, 1 Rd tiefer
2. Schlinge: 1 M zurückgehend, 2 Rd tiefer
3. Schlinge: folgende M, 3 Rd tiefer
4. Schlinge: 1 M vorgehend, 2 Rd tiefer
5. Schlinge: 2 M vorgehend, 1 Rd tiefer
Dabei die entsprechenden Einstichstellen durch die Verdopplungen der Vor-Rd beachten. Es sind nun insgesamt 6 Schlingen auf der Nd. Den Faden holen und durch alle Schlingen ziehen.

Hinweis: Beim Farbwechsel die letzte M der einen Fb schon mit der neuen Fb abmaschen, damit ein exakter Farbübergang entsteht.

Anleitung

Der erste Teil des Topflappens wird in Spiral-Rd gehäkelt.
In Zartlila einen Magic-Ring fertigen und wie folgt häkeln:
1. Rd: 6 fM in den Ring.
2. Rd: Jede fM verdoppeln (= 12 M).
3. Rd: Jede 2. fM verdoppeln (= 18 M).
4. Rd: Jede 3. fM verdoppeln (= 24 M).
5. Rd: Jede 4. fM verdoppeln (= 30 M).
6. Rd: Jede 5. fM verdoppeln (= 36 M).
7. Rd: Jede 6. fM verdoppeln (= 42 M).
8. Rd: Jede 7. fM verdoppeln (= 48 M).
9. Rd: Jede 8. fM verdoppeln (= 54 M).
10. Rd: Jede 9. fM verdoppeln (= 60 M).
11. Rd: Jede 5. fM verdoppeln (= 72 M).
Diese Rd mit 1 Km schließen.
Ab hier wird nicht weiter in Spiral-Rd gehäkelt.
Zu Weiß wechseln und wie folgt arb:
11. Rd: 1 Lm (für 1 fM), 2 fM, 1 Strahlen-M, * 5 fM, 1 Strahlen-M, ab * fortlaufend wdh. Mit 2 fM und 1 Km in die Lm vom Rd-Anfang die Rd beenden (= 72 M/12 Kristalle).
12. Rd: Jede 12. fM verdoppeln. Die Rd mit 1 Km schließen (= 78 M).
13. Rd: Jede 13. fM verdoppeln. Die Rd mit 1 Km schließen (= 84 M).
14. Rd: Jede 7. fM verdoppeln. Die Rd mit 1 Km schließen (= 96 M).
Zu Graublau wechseln und wie folgt weiterarb:
15. Rd: 1 Lm, 1 Strahlen-M, * 7 fM, 1 Strahlen-M, ab * fortlaufend wdh. Mit 6 fM und 1 Km die Rd beenden (= 96 M/12 Kristalle).
16. Rd: Jede 16. fM verdoppeln. Die Rd mit 1 Km schließen (= 102 M). Den Faden trennen und durchziehen.

Fertigstellen

Alle Fäden vernähen. Den Fix-Aufhänger an der 15. Rd zwischen zwei Kristallen befestigen. Den Topflappen anfeuchten, auf die vorgegebene Größe spannen und gut trocknen lassen.
Den zweiten Topflappen ebenso arb.

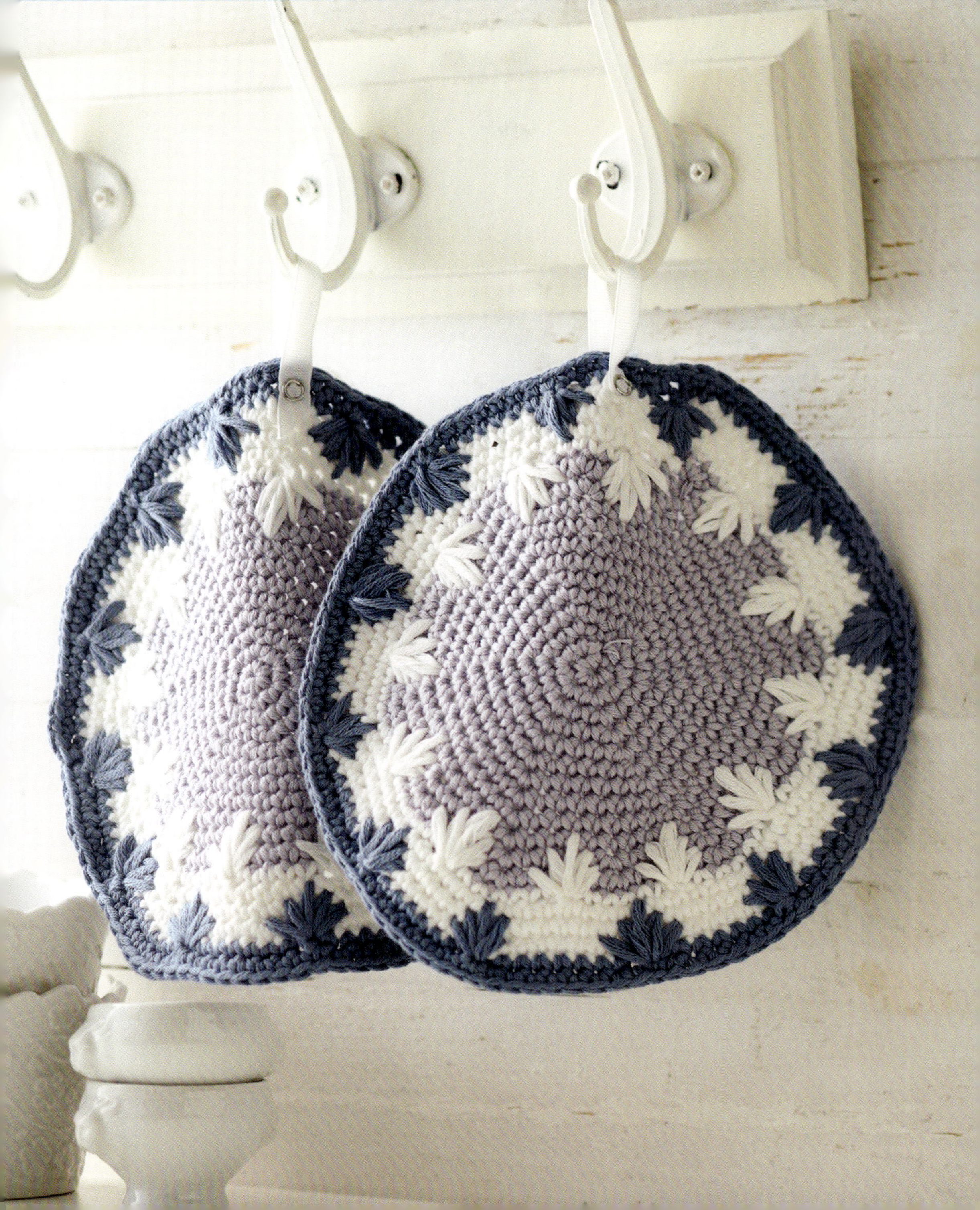

Reliefstäbchen von vorn und von hinten wechseln sich ab und bilden ein abwechslungsreiches Flechtmuster.

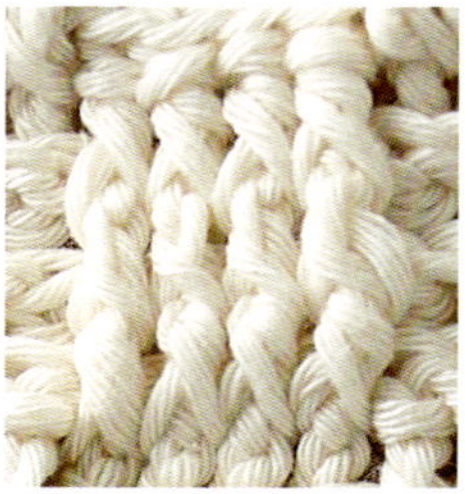

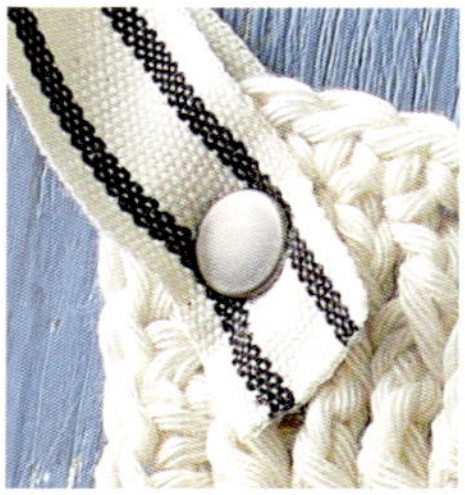

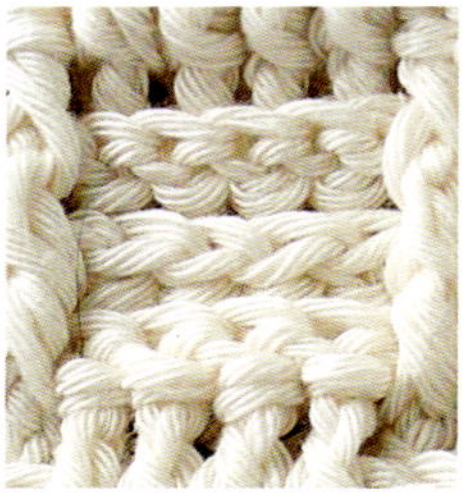

Flechtwerk

im Korbmuster

GRÖSSE
ca. 20 cm x 20 cm

MATERIAL
- Buttinette Woll Butt Topflappengarn (LL 85 m/50 g) in Natur (Fb 132.67), 100 g
- Häkelnadel 4,0 mm
- Wollnadel
- Stoffband aus Baumwolle, 15 mm breit, 28 cm lang
- 2 Nieten, ø 9 mm
- Variozange

MASCHENPROBE
Im Grundmuster mit Nd 4,0 mm
16 M und 9,5 R
= 10 cm x 10 cm

Anleitung

33 Lm und 3 Wende-Lm (zählen als das 1. Stb) anschl und wie folgt häkeln:
1. R (Rückr): 1 Stb in die 4. Lm von der Nd aus arb. Dann 33 Stb in jede der folgenden Lm, Arbeit wenden (= 34 M).
2. R (Hinr): 2 Lm (für 1 Stb), die 1. M überspringen, * 1 Relief-Stb von vorn um jede der folgenden 4 M, 1 Relief-Stb von hinten um jede der folgenden 4 M, ab * 3x wdh, Arbeit wenden (= 34 M).
3.+4. R: Die 2. R 2x wdh.
5. R: 2 Lm (für 1 Stb), die 1. M überspringen, * 1 Relief-Stb von hinten um jede der folgenden 4 M, 1 Relief-Stb von vorn um jede der folgenden 4 M, ab * fortlaufend wdh, enden mit 1 Stb in die oberste Wende-Lm, Arbeit wenden (= 34 M).
6.+7. R: Die 5. R 2x wdh.
Die 2.-7. R noch 2x wdh. Nach insgesamt 19 R die Arbeit wenden.

Fertigstellen

Die Topflappen mit 1 Rd fM umhäkeln. Dabei in jeder Ecke 3 fM in 1 M häkeln. Die Rd mit 1 Km schließen. Den Faden trennen und durch die letzte M ziehen. Die Fäden vernähen.
Für den Aufhänger das Stoffband auf eine Länge von 14 cm schneiden. Jeweils 2 cm von den Enden entfernt mit einer Nd ein Loch vorstechen. Den Topflappen zwischen das Stoffband legen, eine Niete durch beide Löcher und den Topflappen stecken und mit der Variozange festklemmen.
Den zweiten Topflappen ebenso arb.

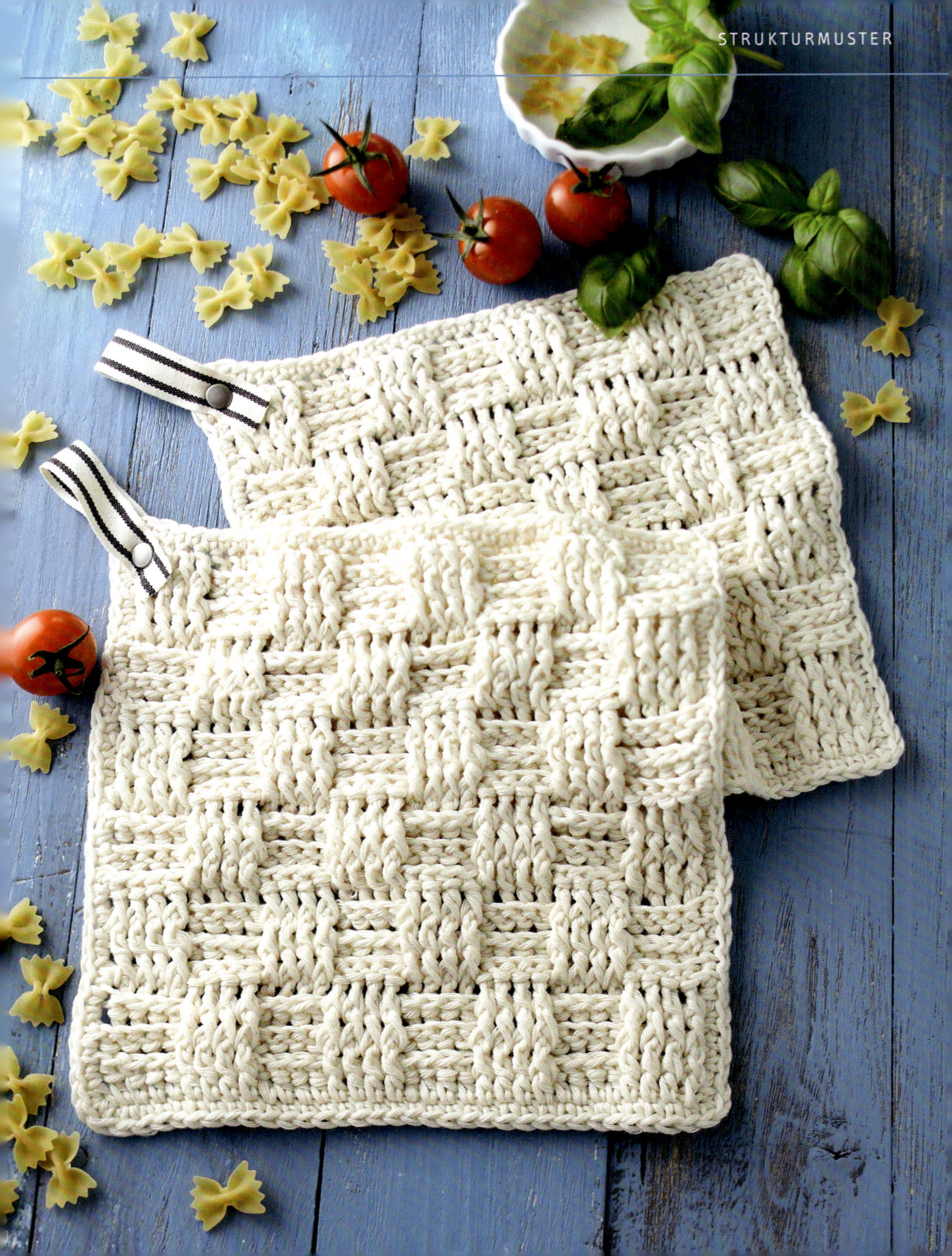

Jung und hip! Im angesagten Jeans-Look sehen auch Topflappen cool aus.

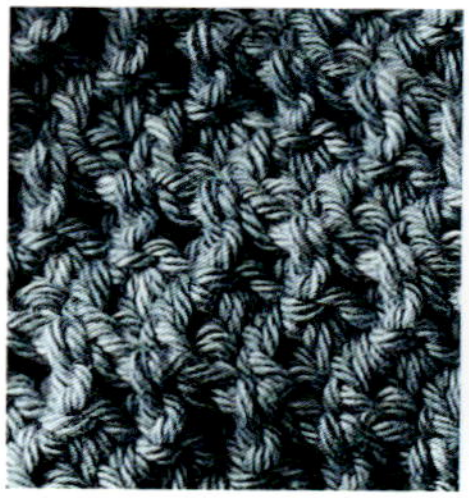

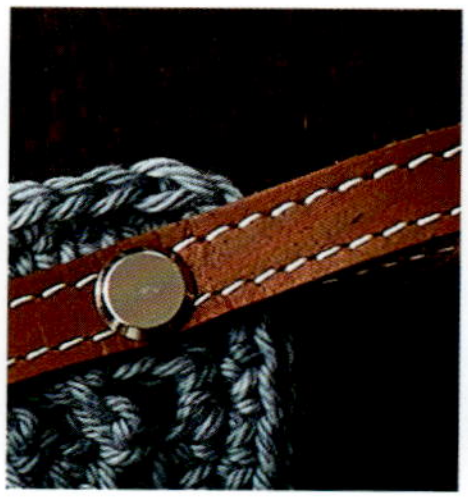

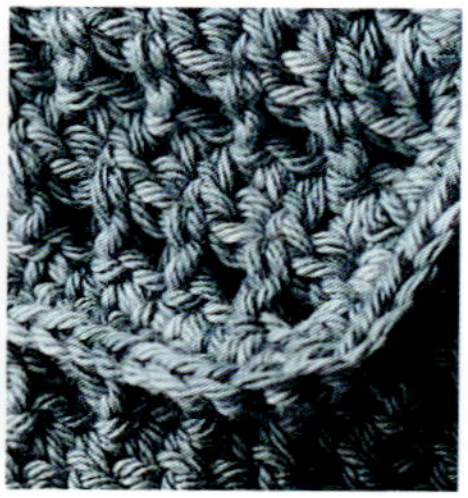

Im Jeans-Look

dekoratives Querrippenmuster

GRÖSSE

ca. 22 cm x 22 cm

MATERIAL

- Schachenmayr Catania Denim (LL 125 m/50 g) in Petrol (Fb 186), 100 g
- Häkelnadel 3,0 mm
- Wollnadel
- Lederband in Rehbraun, 1 cm breit, 28 cm lang
- 2 Buchschrauben
- Lochzange
- Schraubenzieher

MASCHENPROBE

Im Grundmuster mit Nd 3,0 mm 24 M und 11 R = 10 cm x 10 cm

Anleitung

45 Lm und 3 Wende-Lm (zählen als 1. Stb) locker anschl und wie folgt häkeln:

1. R (Hinr): 1 Stb in die 4. Lm von der Nd aus arb. Dann 44 Stb in jede der folgenden Lm, Arbeit wenden (= 46 M).

2. R (Rückr): 3 Wende-Lm (zählen als 1. Stb), * 1 Relief-Stb von vorn und 1 Stb verkreuzen: 1 Stb der Vor-R überspringen, 1 Relief-um das folgende Stb, 1 Stb in das übersprungene Stb, ab * fortlaufend wdh, enden mit 1 Stb in die oberste Wende-Lm, Arbeit wenden.

3. R: 3 Wende-Lm, 44 Stb häkeln, enden mit 1 Stb in den Kopf der Wende-Lm, Arbeit wenden.

Die 2. und 3. R fortlaufend wdh. Nach 22 R mit einer Rückr enden. Den Faden nicht abschneiden, die Arbeit wenden.

Fertigstellen

Die Arbeit mit 2 Rd fM umhäkeln. Dabei in jeder Ecke 3 fM in 1 M häkeln. Die Rd mit 1 Km schließen. Den Faden trennen und durchziehen. Fäden vernähen.

Für den Aufhänger das Lederband auf eine Länge von 14 cm schneiden. Jeweils 2 cm von den Enden entfernt mit der Lochzange ein Loch stanzen. Den Topflappen zwischen das Lederband legen, die Buchschraube durch beide Löcher und den Topflappen stecken und festziehen.

Den zweiten Topflappen ebenso arb.

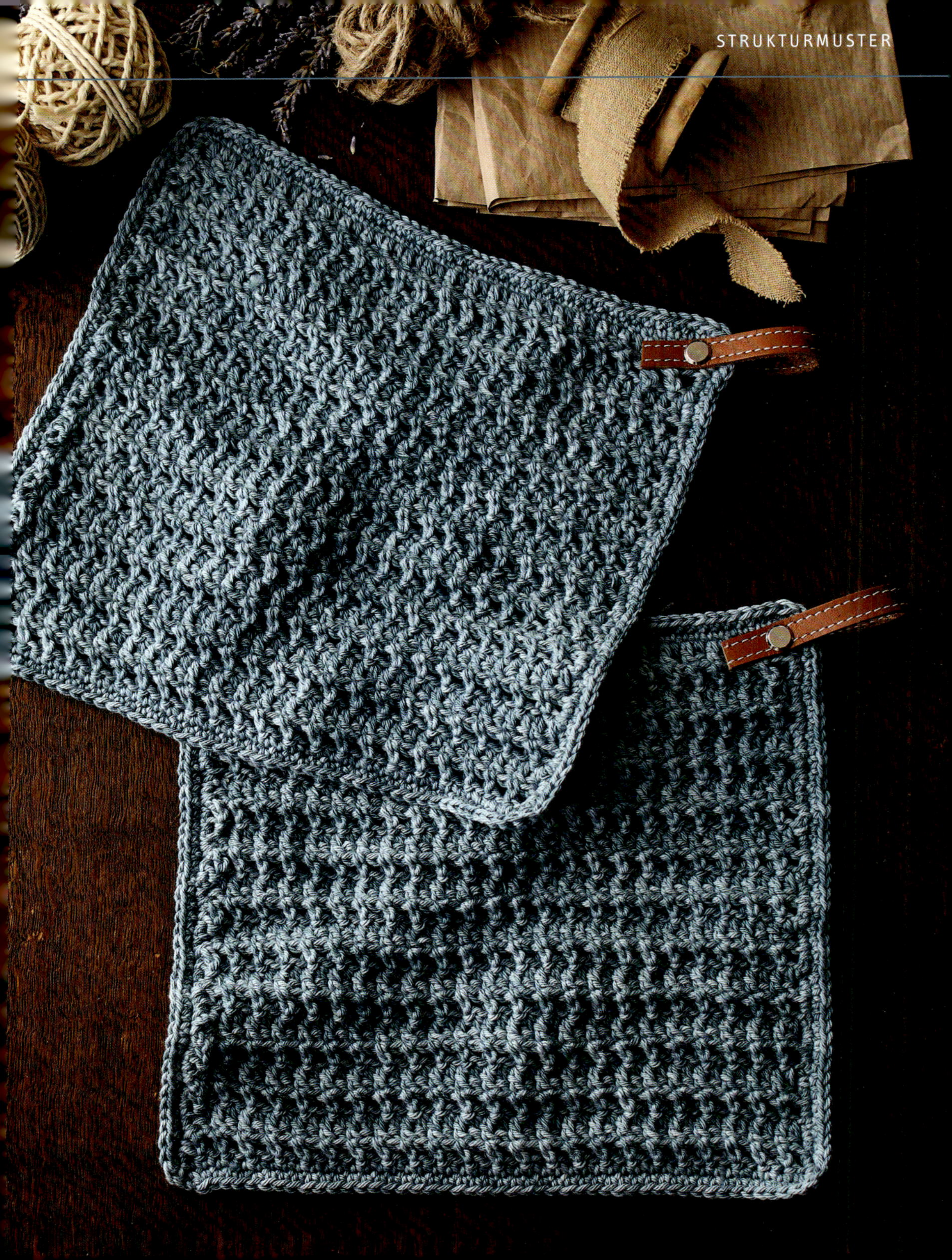

Mandala

in leuchtenden Farben

GRÖSSE

ø ca. 22 cm

MATERIAL

- Schachenmayr Catania (LL 125 m/50 g) in Tiffany (Fb 432), Himbeer (Fb 256), Phlox (Fb 282), Löwenzahn (Fb 280), Jade (Fb 253), Violett (Fb 113), Apfel (Fb 205) und Kirsche (Fb 424), je 50 g
- Häkelnadel 3,0 mm
- Wollnadel
- Ripsband, 15 mm breit, 28 cm lang
- 2 Nieten, ø 9 mm
- Variozange

MASCHENPROBE

Stb mit Nd 3,0 mm
18 M und 13 R
= 10 cm x 10 cm

Noppe aus 3/4/5 Stäbchen

3/4/5 zusammen abgemaschte Stb in eine Einstichstelle häkeln: Wie für ein Stb * 1 U auf die Nd nehmen, in die nächste M einstechen und den Faden durchholen. Den Faden erneut holen und die ersten 2 Schlingen abmaschen. Ab * noch 2x/3x/4x wdh und dabei immer in dieselbe M einstechen. Zuletzt den Faden noch einmal holen und durch alle 4/5/6 Schlingen auf der Nd ziehen.

Anleitung

Die Arbeit wird in Rd gehäkelt. Jedes Stb wird in das Stb bzw. um die Lm der Vor-Rd gearbeitet. Beim Farbwechsel die letzte M durchziehen. Jede Rd mit einer neuen Fb arb und dafür einen neuen Faden ansetzen, dadurch entstehen keine Steige-Lm.
Mit Tiffany und Nd 3,0 mm einen Magic-Ring fertigen und wie folgt häkeln, dabei die Fb wie angegeben wechseln:

1. Rd: 12 Stb in den Ring häkeln.

2. Rd (Himbeer): 1 Noppe aus 3 Stb zwischen jedes Stb der Vor-Rd (= 12 M).

3. Rd (Phlox): [1 Stb, 1 Lm, 1 Stb] zwischen jede Noppe der Vor-Rd (= 36 M).

4. Rd (Löwenzahn): * 1 Noppe aus 5 Stb um die Lm der Vor-Rd, 1 Lm, 1 Noppe aus 5 Stb zwischen 2 Stb der Vor-Rd, 1 Lm, ab * fortlaufend wdh (= 48 M).

5. Rd (Jade): 3 Stb um jede Lm der Vor-Rd (= 72 M).

6. Rd (Violett): * 1 tiefer gestochenes Stb in jede Noppe der 4. Rd, 2 Lm, ab * fortlaufend wdh (= 72 M).

7. Rd (Apfel): * 3 hStb um die 2 Lm der Vor-Rd, 1 Lm, ab * fortlaufend wdh (= 96 M).

8. Rd (Kirsche): 96 fM (= 1 fM um jede Lm der Vor-Rd und 1 fM in jedes hStb der Vor-Rd).

9. Rd (Tiffany): * 1 Noppe aus 4 Stb um jede 2. fM der Vor-Rd, 2 Lm, ab * fortlaufend wdh (= 144 M).

10. Rd (Phlox): * 1 fM in die Noppe der Vor-Rd, 2 Lm, 1 fM um die Lm der Vor-Rd, 2 Lm, ab * fortlaufend wdh (= 144 M).

11. Rd (Himbeer): * 2 Stb in die fM der Vor-Rd, 1 Lm, ab * fortlaufend wdh (= 144 M).

12. Rd (Löwenzahn): * 5 Stb um die Lm der Vor-Rd, 1 fM um die nächste Lm der Vor-Rd, ab * fortlaufend wdh (= 144 M).

Den Faden trennen und durchziehen.

Fertigstellen

Fäden vernähen. Für den Aufhänger das Ripsband auf eine Länge von 14 cm schneiden. Jeweils 2 cm von den Enden entfernt mit einer Nd ein Loch vorstechen. Den Topflappen zwischen das Ripsband legen, eine Niete durch beide Löcher und den Topflappen stecken und mit der Variozange festklemmen.
Den zweiten Topflappen ebenso arb.

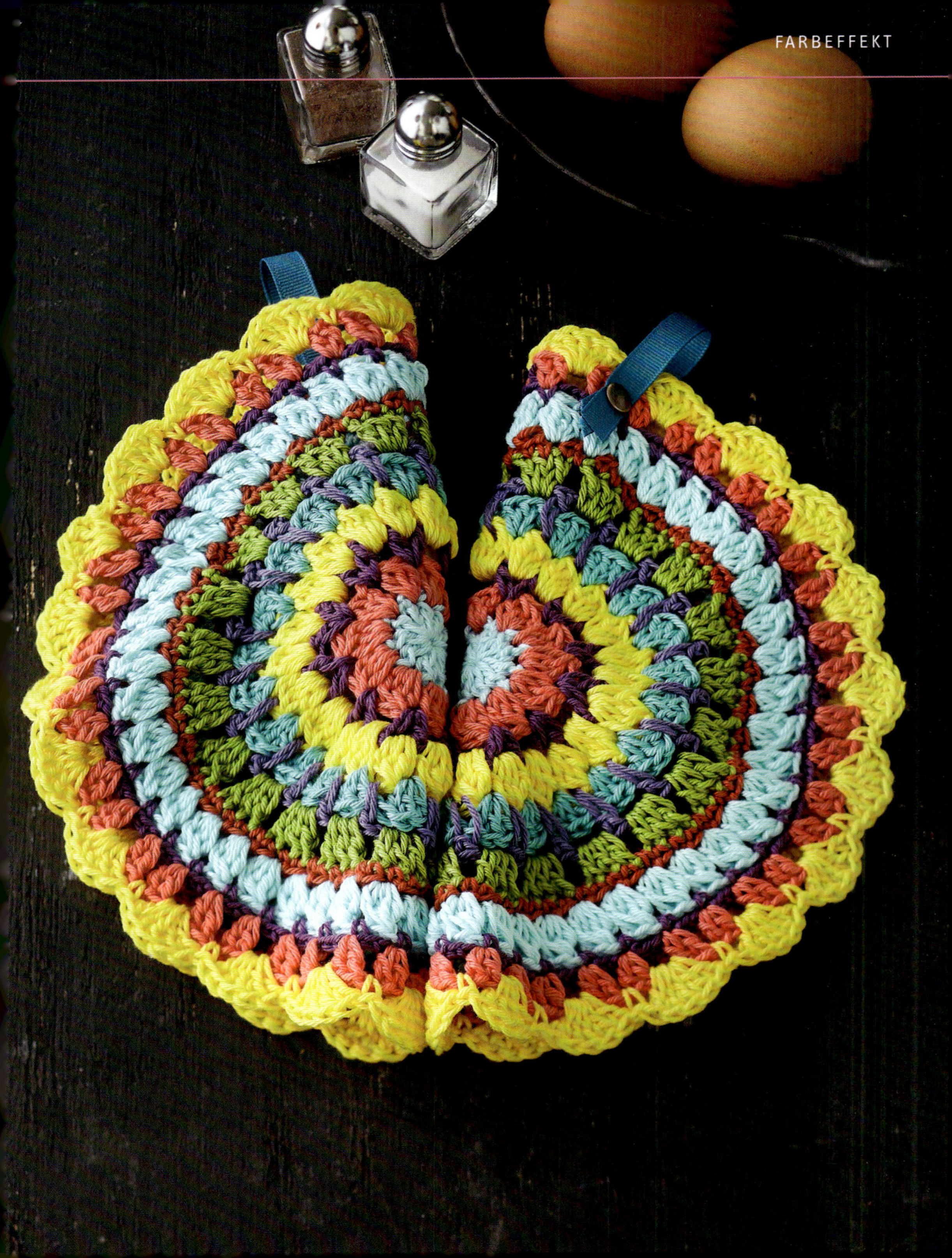

Das effektvolle Muster in dezenten Braun- und Beigetönen harmoniert mit jeder Küche.

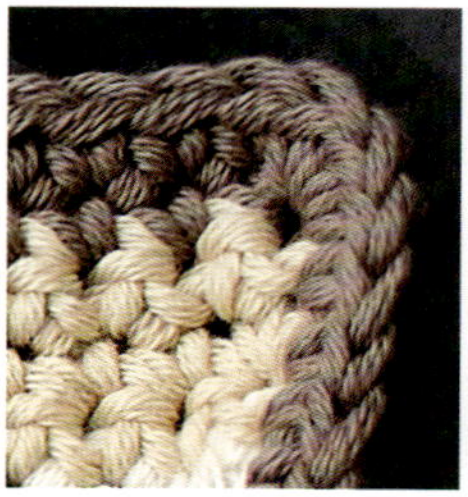

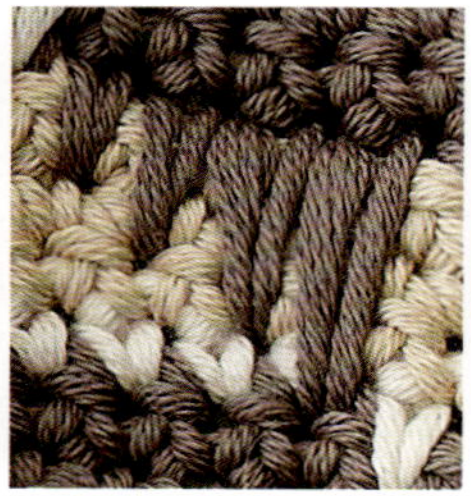

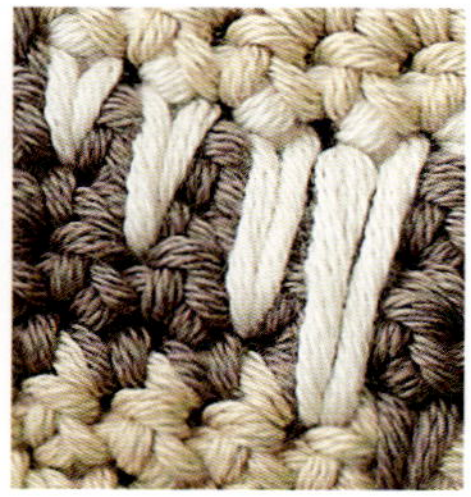

Natur pur

spannende Effekte

GRÖSSE
ca. 20 cm x 20 cm

MATERIAL

- Lana Grossa Linea Pura Organico (LL 90 m/50 g) in Beige (Fb 100), Taupe (Fb 03) und Ecru (Fb 06), je 50 g
- Häkelnadel 5,0 mm
- Wollnadel
- 2 Fix-Aufhänger aus Ripsband, 14,5 cm lang

MASCHENPROBE
Im Grundmuster mit Nd 5,0 mm
13 M und 19 R
= 10 cm x 10 cm

Anleitung

In Taupe 26 Lm und 1 Wende-Lm (zählt nicht als M) locker anschl und wie folgt häkeln, dabei die Fb wie angegeben wechseln:

1. R (Hinr): 1 fM in die 2. Lm von der Nd aus arb, dann In jede M 1 fM häkeln. 1 Wende-Lm, Arbeit wenden (= 26 M).

2. R (Rückr): In jede M 1 fM häkeln, 1 Wende-Lm, Arbeit wenden.

3. R: In jede M 1 fM häkeln, 1 Wende-Lm, Arbeit wenden.

4. R: In jede M 1 fM häkeln, 1 Wende-Lm, Arbeit wenden.

5. R (Ecru): 1 fM, * 1 fM in die M 4 R tiefer, 1 fM in die M 3 R tiefer, 1 fM in die M 2 R tiefer, 1 fM in die M 1 R tiefer, 4 fM, ab * fortlaufend wdh, die R beenden mit 1 fM und 1 Wende-Lm, Arbeit wenden.

6. R (Beige): In jede M 1 fM häkeln, 1 Wende-Lm, Arbeit wenden.

7. R: In jede M 1 fM häkeln, 1 Wende-Lm, Arbeit wenden.

8. R: In jede M 1 fM häkeln, 1 Wende-Lm, Arbeit wenden.

9. R (Taupe): 1 fM, * 4 fM, 1 fM in die M 4 R tiefer, 1 fM in die M 3 R tiefer, 1 fM in die M 2 R tiefer, 1 fM in die M 1 R tiefer, ab * fortlaufend wdh und die R beenden mit 1 fM und 1 Wende-Lm, Arbeit wenden.

Die 2.-9. R fortlaufend wdh. Nach ca. 20 cm die Arbeit beenden. Den Faden nicht abschneiden.

Fertigstellen

Den Topflappen mit 1 Rd fM in Taupe umhäkeln. Dabei in jeder Ecke 3 fM in 1 M häkeln. Die Rd mit 1 Km schließen. Faden trennen und durch die letzte M ziehen. Fäden vernähen. Den Fix-Aufhänger an einer Ecke befestigen.
Den zweiten Topflappen ebenso arb.

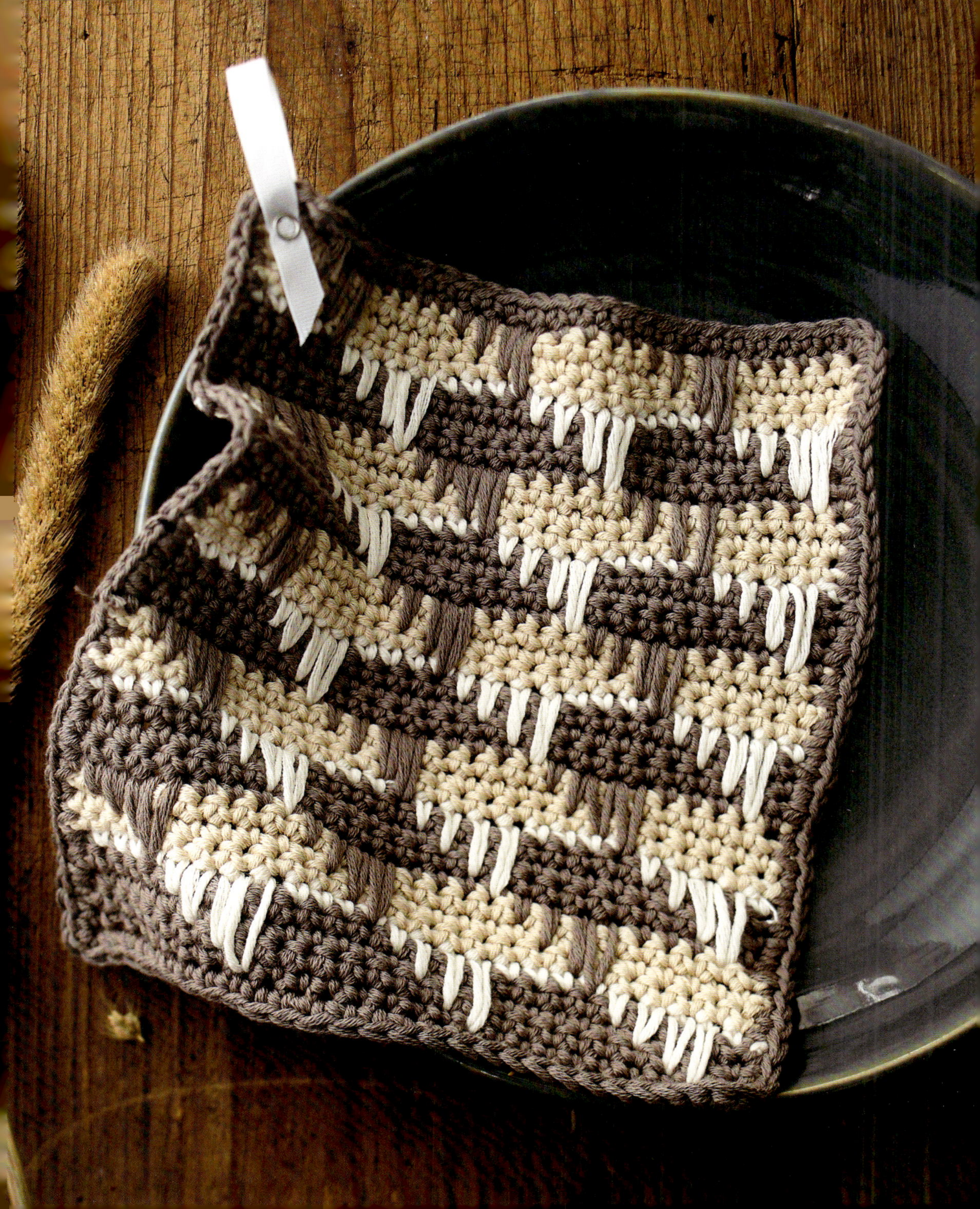

Frühlingsfrische

Blütenmuster

GRÖSSE
ca. 22 cm x 22 cm

MATERIAL
- Lana Grossa Pima (LL 125 m/50 g) in Blassrosa (Fb 01), Hellgrün (Fb 14) und Hellrot (Fb 06), je 50 g
- Häkelnadel 3,0 mm
- Wollnadel

MASCHENPROBE
Im Grundmuster mit Nd 3,0 mm
2,5x Mustersatz und 7 R = 10 cm x 10 cm

Blütenmasche

Die Blüten-M besteht aus 2 M-Gruppen. Für 1 Blüten-M jeweils 1 Stb in die nächsten 4 Stb der Vor-R arb (= 1. M-Gruppe), 1 fM, 4 Stb in die nächsten 4 Stb der Vor-R arb und zusammen abmaschen (2. M-Gruppe).

Büschelmasche

3x [1 U auf die Nd legen, den Faden holen] in dieselbe Einstichstelle. Es liegen insgesamt 7 Schlingen auf der Nd. Den Faden holen und durch alle Schlingen auf der Nd ziehen.

Anleitung

Hinweis: Jedes Stb wird in das Stb bzw. um die Lm der Vor-R (nicht in die Lm) gearbeitet.

In Hellrot 41 Lm und 1 Wende-Lm (zählt als 1. fM) anschl und wie häkeln, dabei die Fb wie angegeben wechseln:

1. R (Hinr): 1 fM in die 2. Lm von der Nd aus arb, 2 Lm, 1 M überspringen, 5 fM in die nächsten 5 Lm, * 4 Lm, 3 Lm überspringen, 5 fM, ab * fortlaufend wdh und enden mit 2 Lm, 1 M überspringen, 1 fM.

2. R (Rückr; Hellgrün): 4 Wende-Lm (für 1 Stb), 2 Lm, 4 Stb um die 2 Lm der Vor-R, * 1 fM in die 3. (mittlere) der 5 fM der Vor-R, [4 Stb, 4 Lm, 4 Stb] um den Lm-Bogen der Vor-R, ab * fortlaufend wdh, enden mit 1 fM in die 3. der 5 fM der Vor-R, 4 Stb um die 2 Lm der Vor-R, 2 Lm, 1 DStb in die 1. fM der Vor-R.

3. R (Ecru): 4 Wende-Lm, 2 Lm, 4 Stb um die 2 Lm der Vor-R, * 1 Blüten-M, [4 Stb, 4 Lm, 4 Stb] um den Lm-Bogen der Vor-R, ab * fortlaufend wdh und enden mit 4 Stb um die 2 Lm der Vor-R, 2 Lm, 1 DStb um die oberste Wende-Lm der Vor-R.

4. R (Hellrot): 4 Wende-Lm, 2 Lm, 4 Stb um die 2 Lm der Vor-R, * 1 Büschel-M zwischen die beiden M-Gruppen der Blüten-M der Vor-R, [4 Stb, 4 Lm, 4 Stb] um den Lm-Bogen der Vor-R, ab * fortlaufend wdh und enden mit 1 Büschel-M in die Blüten-M der Vor-R, 4 Stb um die 2 Lm der Vor-R, 2 Lm, 1 DStb um die oberste Wende-Lm der Vor-R.

5. R (Hellgrün): 4 Wende-Lm, 2 Lm, 4 Stb um die 2 Lm der Vor-R, * 1 Blüten-M, [4 Stb, 4 Lm, 4 Stb] um den Lm-Bogen der Vor-R, ab * fortlaufend wdh und enden mit 4 Stb um die 2 Lm der Vor-R, 2 Lm, 1 DStb um die Wende-Lm der Vor-R.

Die 3.-5. R noch 3x wdh, dann noch 1x die 3. R häkeln. Die Farbfolge beibehalten.

16. R (Hellrot): 1 Wende-Lm, 2 Lm, 2 fM um die Lm der Vor-R, * 1 Blüten-M, 4 fM, ab * fortlaufend wdh, enden mit 2 fM und 1 Km in die oberste Wende-Lm der Vor-R.
Den Faden trennen und durchziehen.

Fertigstellen

Den Topflappen mit 2 Rd fM umhäkeln: die 1. Rd Hellrot und die 2. Rd in Hellgrün, dabei in jeder Ecke 3 fM in 1 M arb. Dann für den Aufhänger 16 Lm häkeln und mit 1 Km in die 1. Lm schließen. 1 Lm, dann die Lm-Kette mit fM zurückhäkeln. Den Faden trennen und durchziehen. Fäden vernähen.
Den zweiten Topflappen ebenso arb.

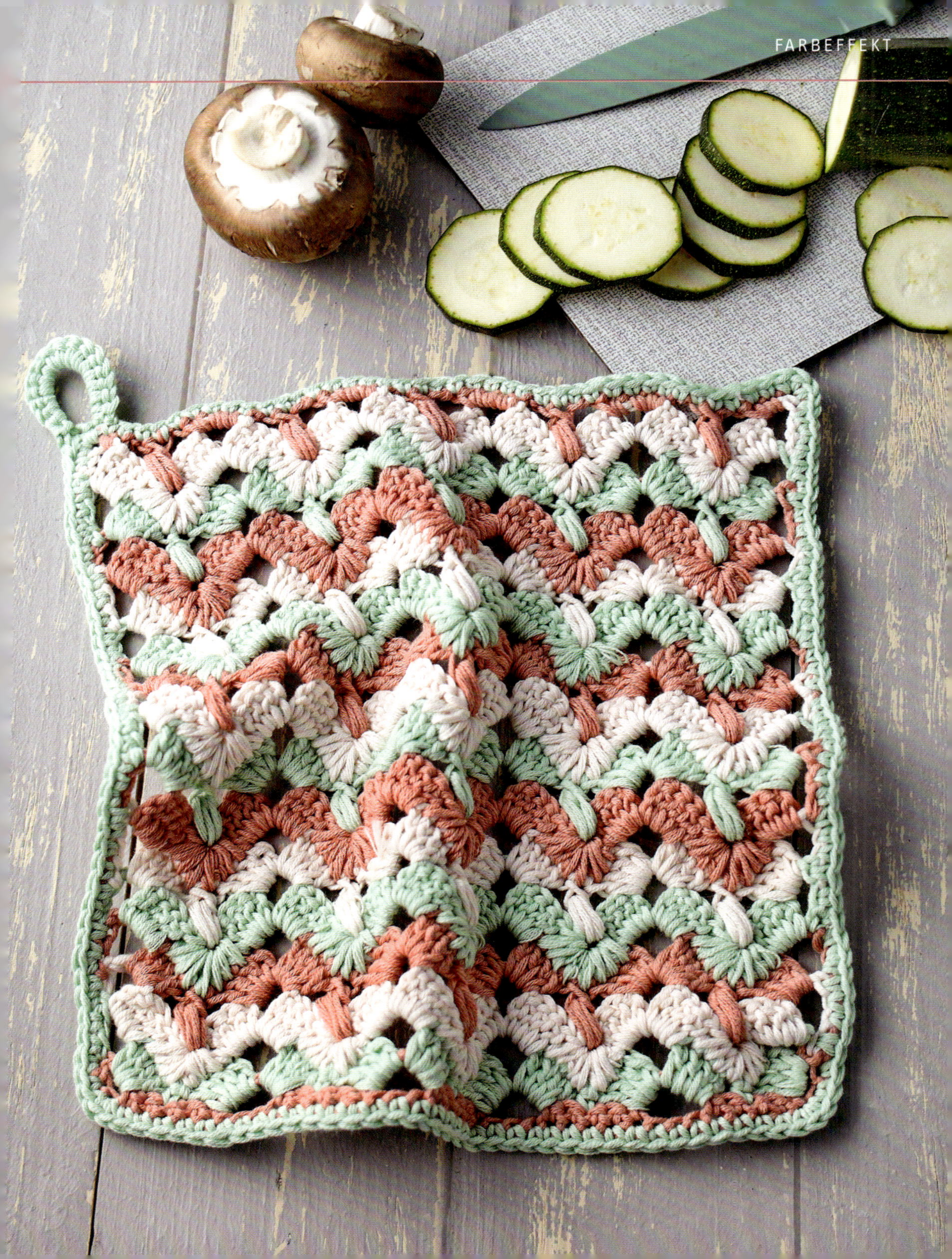

Dekorativer Kachel-Effekt

im Tapestry-Muster

GRÖSSE
ca. 19 cm x 19 cm

MATERIAL
- Gedifra Cottolana 4ply (LL 170 m/50 g) in Natur (Fb 2419), Taupe (Fb 2401) und Koralle (Fb 2418), je 50 g
- Häkelnadel 3,5 mm
- Wollnadel

MASCHEN-PROBE
fM mit Nd 3,5 mm
22 M und 20 R
= 10 cm x 10 cm

Tapestry-Muster

Nach dem Zählmuster fM in R häkeln. Den Rapport von 20 M 2x häkeln, die 1.-37. R 1x arb. Beim Farbwechsel die letzte M der einen Fb schon mit der neuen Fb abmaschen, damit ein exakter Farbübergang entsteht. Es wird fortlaufend mit 3 Knäueln gearbeitet, d. h., es werden immer die 2 gerade nicht benötigten Fäden mit dem Arbeitsfaden umhäkelt.

Anleitung

In Natur 39 Lm und 2 Wende-Lm (zählen als 1. fM) anschl und im Tapestry-Muster nach dem Zählmuster häkeln. Den Rapport von 20 M 2x häkeln, die 1.-37. R 1x arb. Den Faden trennen und durchziehen.

Fertigstellen

Den Topflappen mit 2 Rd fM umhäkeln: die 1. Rd in Natur, die 2. Rd in Koralle. Dabei in jeder Ecke 3 fM in 1 M häkeln. Die Rd mit 1 Km schließen. Anschließend für den Aufhänger mit beiden Fb 15 Lm häkeln und mit 1 Km in die 1. Lm schließen. 1 Lm, dann die Lm-Kette mit fM zurückhäkeln. Den Faden trennen und durchziehen. Fäden vernähen.
Den zweiten Topflappen ebenso arb.

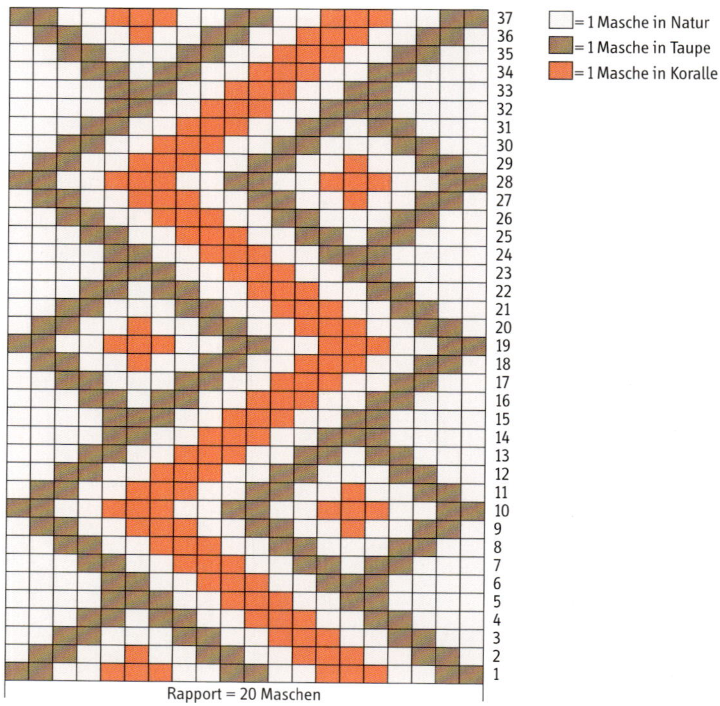

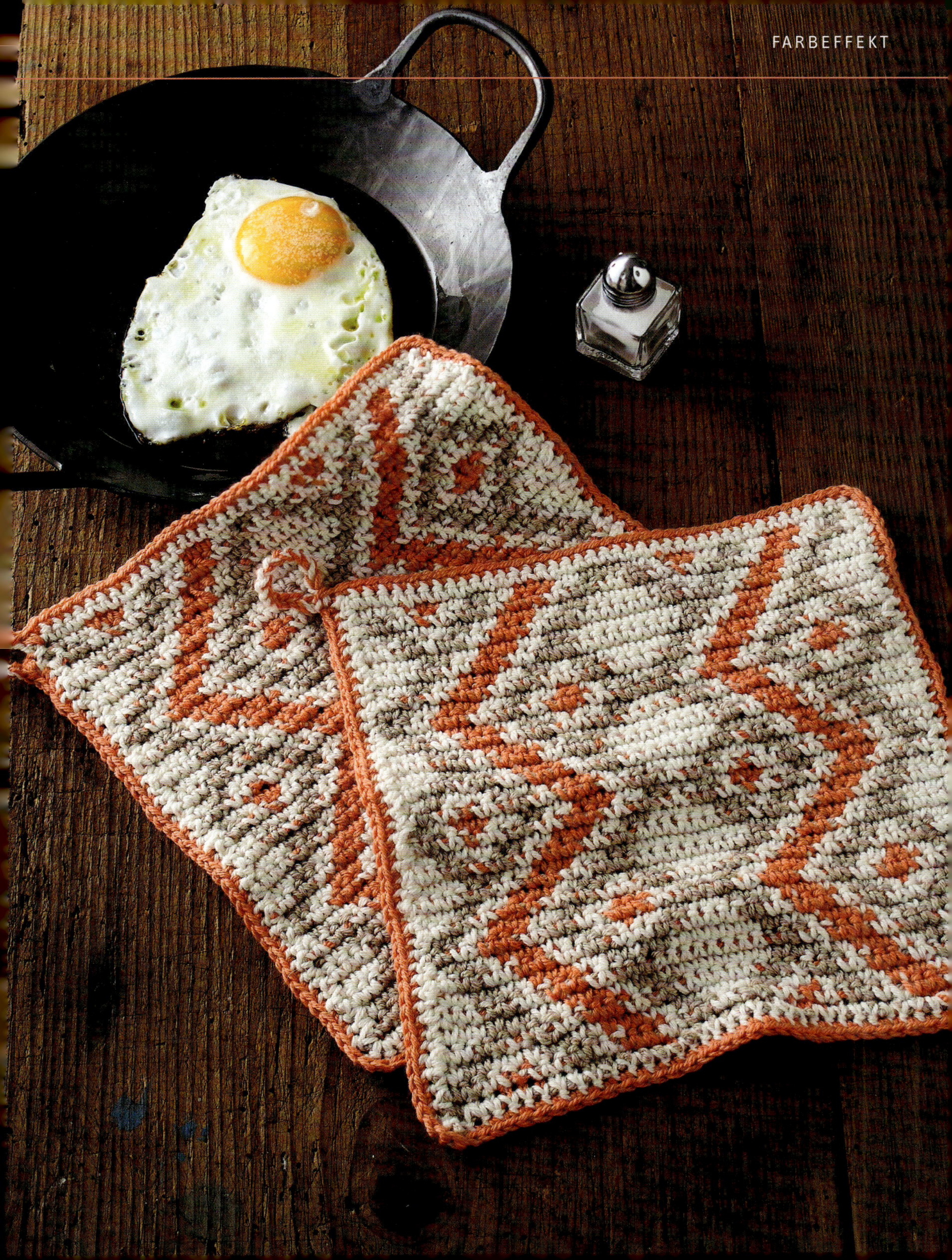

Schiff ahoi!

Wellenmuster

GRÖSSE
ca. 20 cm x 20 cm

MATERIAL

- Gedifra Cottolana DK (120 m/50 g) in Hellgrau (Fb 2507) und Schwarz (Fb 2512), je 50 g
- Häkelnadel 3,0 mm
- Wollnadel
- Lederband in Schwarz, 1 cm breit, 28 cm lang
- 2 Buchschrauben
- Lochzange
- Schraubenzieher

MASCHENPROBE
Im Grundmuster mit Nd 3,0 mm 24 M und 8 R = 10 cm x 10 cm

Anleitung

Hinweis: Die Stb werden jeweils um den Lm-Bogen der Vor-R (nicht in die Lm) gearbeitet.

In Hellgrau 49 Lm und 1 Wende-Lm anschl und wie folgt häkeln, dabei die Fb wie angeben wechseln:

1. R (Hinr): 1 fM in die 2. Lm von der Nd aus arb, * 3 Lm, 3 Stb in die gleiche Lm wie die letzte fM, 5 M übergehen, 1 fM, ab * fortlaufend wdh, Arbeit wenden.

2. R (Rückr): 5 Wende-Lm, 2 Stb in die fM der Vor-R, 1 fM, * 3 Lm, 3 Stb um den Lm-Bogen der Vor-R, 1 fM, ab * fortlaufend wdh, enden mit 3 Lm, 2 zusammen abgemaschte Stb um den Lm-Bogen der Vor-R, Arbeit wenden.

3. R (Schwarz): 1 Wende-Lm, 1 fM in die oberste Lm des Lm-Bogens, * 3 Lm, 3 Stb um den Lm-Bogen der Vor-R, ab * fortlaufend wdh, enden mit 1 fM in die oberste Wende-Lm der Vor-R.

4. R: 5 Wende-Lm, 2 Stb in die fM der Vor-R, 1 fM in die oberste Lm des Lm-Bogens, * 3 Lm, 3 Stb um den Lm-Bogen der Vor-R, 1 fM in die oberste Lm des Lm-Bogens, ab * fortlaufend wdh, enden mit 3 Lm, 2 zusammen abgemaschte Stb um den Lm-Bogen der Vor-R, Arbeit wenden.

5. R (Hellgrau): 1 Wende-Lm, 1 fM in die oberste Lm des Lm-Bogens, * 3 Lm, 3 Stb um den Lm-Bogen der Vor-R, ab * fortlaufend wdh, enden mit 1 fM in die oberste Wende-Lm Vor-R.

6. R: 5 Wende-Lm, 2 Stb in die fM der Vor-R, 1 fM in die oberste Lm des Lm-Bogens, * 3 Lm, 3 Stb um den Lm-Bogen der Vor-R, 1 fM in die oberste Lm des Lm-Bogens, ab * fortlaufend wdh, enden mit 3 Lm, 2 zusammen abgemaschte Stb um den Lm-Bogen der Vor-R, Arbeit wenden.

Die 3.-6. R noch 2x wdh, dann noch 1x die 3. und 4. R häkeln, dabei die Fb in jeder 2. R weiter wie angegeben wechseln. Den Faden nicht trennen.

Fertigstellen

Den Topflappen mit 2 Rd fM umhäkeln: die 1. Rd in Schwarz, die 2. Rd in Grau Dabei in jeder Ecke 3 fM in 1 M häkeln. Die Rd mit 1 Km schließen. Faden trennen und durchziehen. Fäden vernähen.
Für den Aufhänger das Lederband auf eine Länge von 14 cm schneiden. Jeweils 2 cm von den Enden entfernt mit der Lochzange ein Loch stanzen. Den Topflappen zwischen das Lederband legen, die Buchschraube durch beide Löcher und den Topflappen stecken und festziehen.
Den zweiten Topflappen ebenso arb.

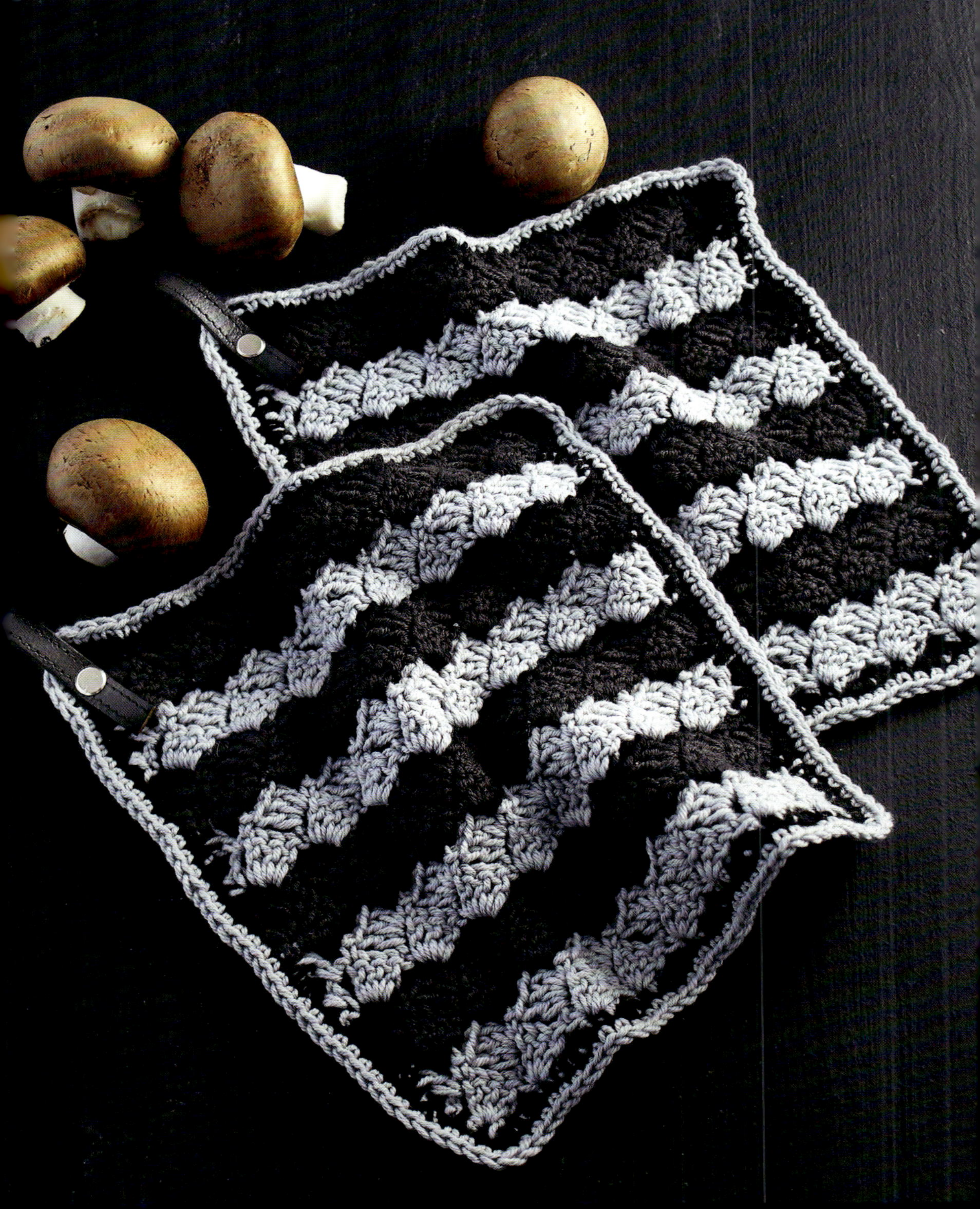

Zarter Regenbogen

sorgt für gute Stimmung

GRÖSSE
Breite: ca. 20 cm
Höhe: ca. 23 cm
(ohne Quasten)

MATERIAL

- Schachenmayr Catania Grande (LL 63 m/50 g) in Reseda (Fb 3209), 100 g, in Dahlie (Fb 3213), Aprikose (Fb 3210), Vanille (Fb 3211), Mint (Fb 3385) und Natur (Fb 3105), je 50 g
- Häkelnadel 4,5 mm
- 2 Fix-Aufhänger aus Ripsband, 14,5 cm lang
- Wollnadel

MASCHENPROBE
fM mit Nd 4,5 mm
16 M und 17 R
= 10 cm x 10 cm

Farbfolge

3 R in Reseda, 1 R in Aprikose, 2 R in Reseda, 1 R in Dahlie, 2 R in Reseda, 1 R in Natur, 2 R in Reseda, 1 R in Vanille, 2 R in Reseda, 1 R in Mint, 2 R in Reseda (= 18 R). Die Farbfolge 1x arb.

Anleitung

In Reseda 20 Lm und 1 Wende-Lm (zählt als nicht 1. fM) locker anschl und wie folgt fM in R häkeln, dabei die oben angegebene Farbfolge beachten:

1. R (Hinr): 1 fM in die 2. Lm von der Nd aus arb, 19 fM, 3 fM in die letzte Lm häkeln, dann auf der anderen Seite der Lm-Kette weiterhäkeln: 19 fM (= 41 M). Arbeit wenden.

2. R (Rückr): 1 Wende-Lm (zählt als 1. fM), 18 fM, 3 M verdoppeln, M-Markierer setzen, 19 fM (= 44 M). Arbeit wenden.

3. R: 1 Wende-Lm, 18 fM, * 1 fM, 1 M verdoppeln, ab * noch 2x wdh, 19 fM (= 47 M). Arbeit wenden.

4. R: 1 Wende-Lm, 18 fM, * 2 fM, 1 M verdoppeln, ab * noch 2x wdh, 19 fM (= 50 M). Arbeit wenden.

5. R: 1 Wende-Lm, 18 fM, * 3 fM, 1 M verdoppeln, ab * noch 2x wdh, 19 fM (= 53 M). Arbeit wenden.

6. R: 1 Wende-Lm, 18 fM, * 4 fM, 1 M verdoppeln, ab * noch 2x wdh, 19 fM (= 56 M). Arbeit wenden.

7. R: 1 Wende-Lm, 18 fM, * 5 fM, 1 M verdoppeln, ab * noch 2 x wdh, 19 fM (= 59 M). Arbeit wenden.

Nach diesem Schema weiterhäkeln und in jeder R zwischen den M-Markierer wie beschrieben zunehmen, bis insgesamt 18 R gearbeitet und 92 M erreicht sind. Die letzte R (= 18. R) beenden mit 18 fM, 1 Km in die letzte M. Faden trennen und durchziehen.

Fertigstellen

Fäden vernähen. Den Fix-Aufhänger am Topflappen befestigen.
In jeder Fb außer Reseda jeweils etwa 12 Fäden von ca. 12 cm Länge zuschneiden. Dann jeweils 6 Fäden einer Fb in die R in der entsprechenden Fb einknüpfen und zu kleinen Quasten abbinden (siehe Foto).
Den zweiten Topflappen ebenso arb.

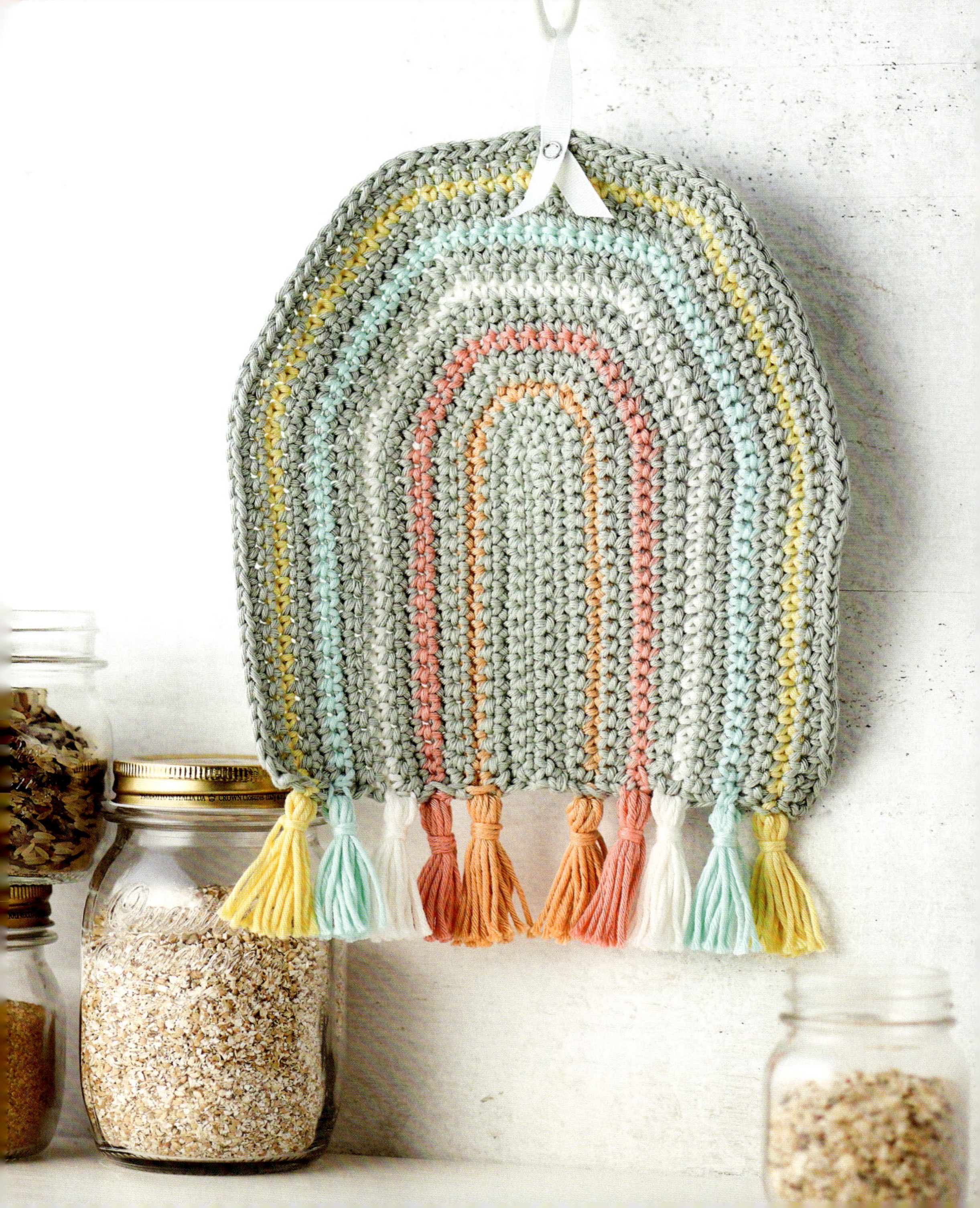

Die festen Maschen ergeben ein dichtes Maschenwerk, das schön gleichmäßig aussieht und dabei gut vor Hitze schützt.

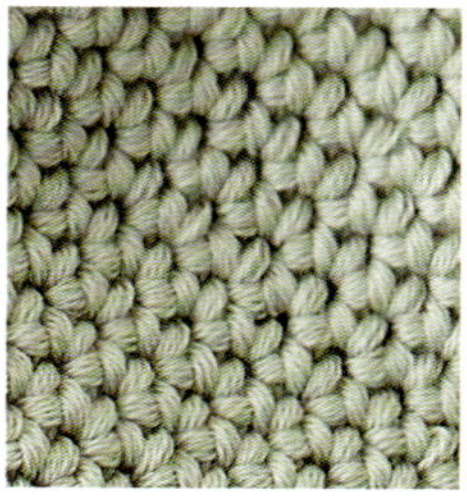

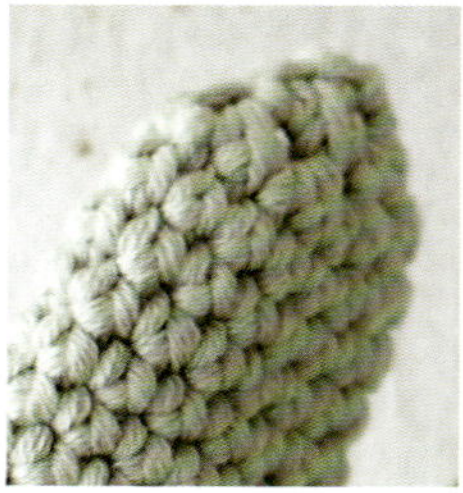

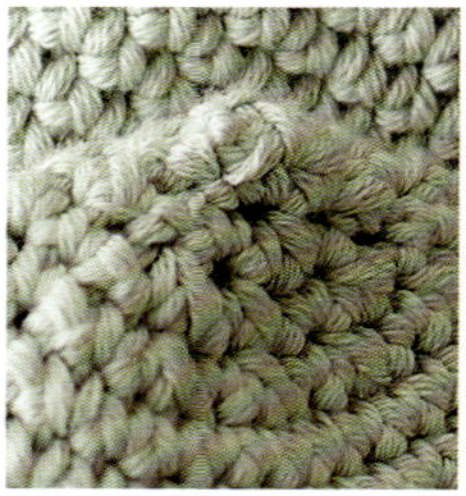

Ofenhandschuhe

praktischer Rundum-Schutz

GRÖSSE

Breite: ca. 14 cm
Höhe: ca. 26 cm

MATERIAL

- Lana Grossa Linea Pura Organico (LL 90 m/50 g) in Zartgrün (Fb 72), 150 g
- Häkelnadel 3,0 mm
- Stoffband aus Baumwolle, 15 mm breit, 30 cm lang
- 2 Nieten, ø 9 mm
- Variozange

MASCHENPROBE

fM mit Nd 3,0 mm
17 M und 18 Rd
= 10 cm x 10 cm

Anleitung

48 Lm anschl und mit 1 Km zur Rd schließen. Dann wie folgt fM in Rd häkeln.

1. Rd: 1 Steige-Lm (zählt nicht als M), dann 1 fM in jede Lm (= 48 M).

2.-27. Rd: 1 Steige-Lm, 48 fM häkeln.

Die Arbeit teilen und den Daumen (ca. 5 cm hoch) über 14 M in Spiral-Rd arb wie folgt:

28.-35. Rd: 1 Steige-Lm, 14 fM.

36. Rd: 1 Steige-Lm, fortlaufend 2 fM zusammen abmaschen (= 7 M).

37. Rd: 1 Steige-Lm, fortlaufend 2 fM zusammen abmaschen, 1 fM (= 4 M).

Faden trennen, durch die restlichen M fädeln und fest zusammenziehen.

Dann für die Hand über die übrigen 34 M weiter fM in Spiral-Rd arb wie folgt:

28.-45. Rd: 1 Steige-Lm, 34 fM.

46. Rd: 1 Steige-Lm, * 1 fM, 2 fM zusammen abmaschen, ab * fortlaufend wdh, 1 fM (= 23 M).

47. Rd: 1 Steige-Lm, * 1 fM, 2 fM zusammen abmaschen, ab * fortlaufend wdh, 2 fM (= 11 M).

48. Rd: 1 Steige-Lm, * 2 fM zusammen abmaschen ab * fortlaufend wdh, 1 fM (= 6 M).

49. Rd: Fortlaufend 2 fM zusammen abmaschen (= 3 M).

Faden trennen, durch die restlichen M fädeln und fest zusammenziehen.

Fertigstellen

Fäden vernähen. Für den Aufhänger das Stoffband auf eine Länge von 15 cm schneiden. Jeweils 2 cm von den Enden entfernt mit einer Nd ein Loch vorstechen. Den Handschuh an der Öffnung zwischen das Stoffband legen, eine Niete durch beide Löcher und den Handschuh stecken und mit der Variozange festklemmen.
Den zweiten Handschuh ebenso arb.

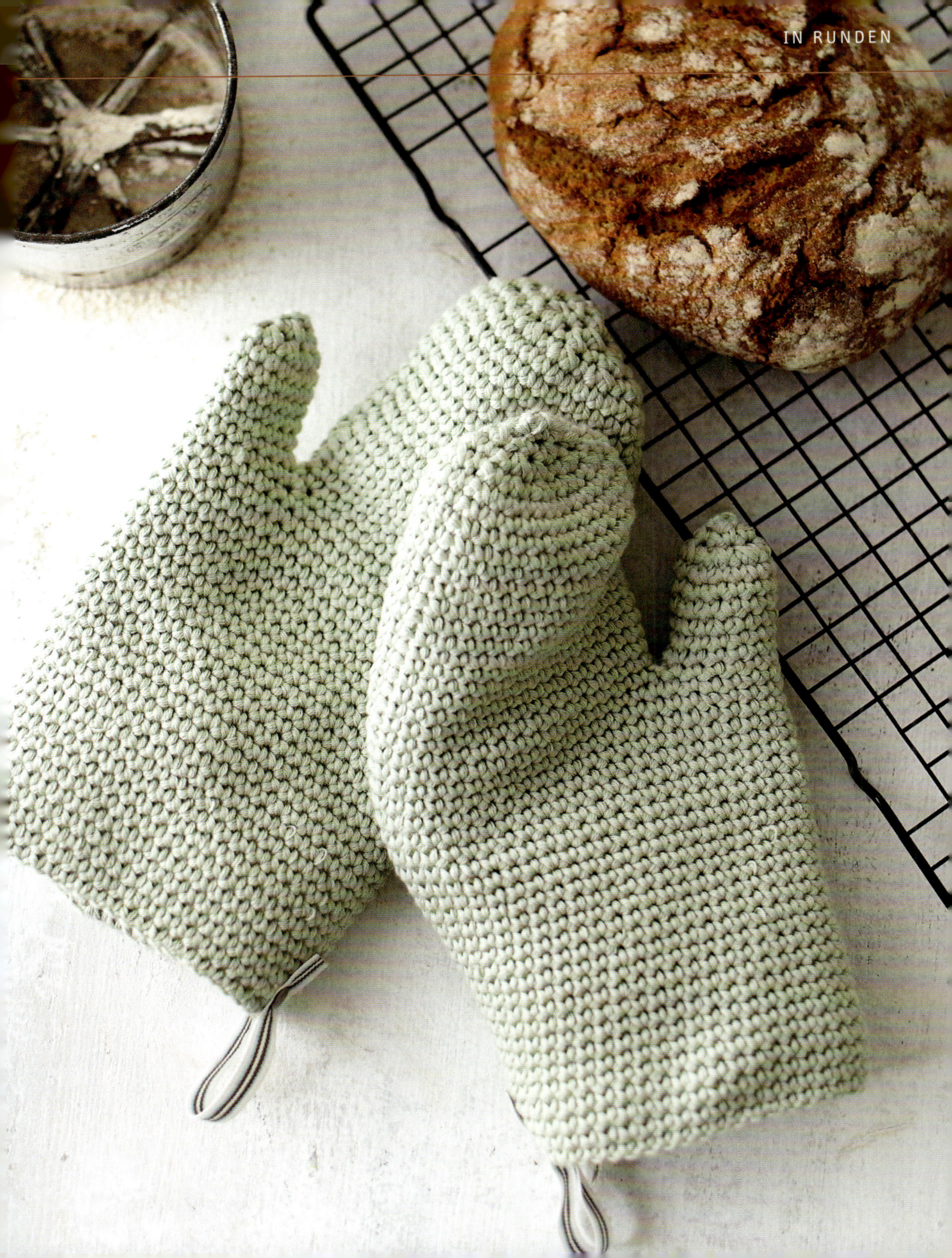

Osterei

zum Hineingreifen

GRÖSSE
Breite: ca. 15 cm
Höhe: ca. 20 cm

MATERIAL

- Schachenmayr Catania Grande (LL 63 m/50 g) in Natur (Fb 3105), Lagune (Fb 3207), Vanille (Fb 3211) und Apfel (Fb 3205), je 50 g
- Häkelnadel 4,5 mm
- Wollnadel

MASCHENPROBE
fM mit Nd 4,5 mm
16 M und 20 R
= 10 cm x 10 cm

Zunahme

Für 1 Zunahme über je 4 M der Vor-Rd wie folgt arb: Die 1. M verdoppeln, in die 2. und 3. M je 1 fM, die 4. M verdoppeln. Je Zunahme werden 2 M zugenommen.

Picot

Für 1 Picot 2 Lm häkeln, 1 Km in die 1. Lm arb und jeweils 1 M der Vor-Rd überspringen.

Anleitung

Ein Topflappen besteht aus einem unteren und einem oberen Teil.

Hinweis: Beim Farbwechsel die letzte M der einen Fb schon mit der neuen Fb abmaschen, damit ein exakter Farbübergang entsteht.

Oberes Teil

In Natur einen Magic-Ring fertigen und wie folgt fM in Spiral-Rd häkeln, dabei die Fb wie angegeben wechseln:

1. Rd: 1 Steige-Lm, 6 fM in den Ring häkeln.
2. Rd: Jede M verdoppeln (= 12 M).
3. Rd (Lagune): 1 fM, 1 Zunahme, 2 fM, 1 Zunahme, 1 fM (= 16 M).
4. Rd: 2 fM, 1 Zunahme, 4 fM, 1 Zunahme, 2 fM (= 20 M).
5. Rd (Natur): 3 fM, 1 Zunahme, 6 fM, 1 Zunahme, 3 fM (= 24 M).
6. Rd: 4 fM, 1 Zunahme, 8 fM, 1 Zunahme, 4 fM (= 28 M).
7. Rd (Vanille): In jede M der Vor-Rd 1 fM häkeln.
8. Rd: 5 fM, 1 Zunahme, 10 fM, 1 Zunahme, 5 fM (= 32 M).
9. Rd (Natur): In jede M der Vor-Rd 1 fM äkeln.
10. Rd: 6 fM, 1 Zunahme, 12 fM, 1 Zunahme, 6 fM (= 36 M).
11. Rd (Apfel): In jede M der Vor-Rd 1 fM häkeln.
12. Rd: 7 fM, 1 Zunahme, 14 fM, 1 Zunahme, 7 fM (= 40 M).
13. Rd (Natur): In jede M der Vor-Rd 1 fM häkeln.
14. Rd: 8 fM, 1 Zunahme, 16 fM, 1 Zunahme, 8 fM (= 44 M).
15. Rd (Vanille): In jede M der Vor-Rd 1 fM häkeln.
16. Rd: 11 fM, 4 hStb, 18 fM, 4 hStb, 7 fM, 1 Km in die 1. fM.
Beim Häkeln in Rd verschiebt sich der Rd-Übergang automatisch nach rechts. Durch die 16. Rd wird dieser Versatz etwas ausgeglichen und die Seiten etwas erhöht. Die Seitenränder liegen jetzt jeweils zwischen dem 2. und 3. hStb.
17. Rd (Natur): Im 3. hStb der Vor-Rd mit 1 Km neu anschlingen und 1 fM häkeln, dann in jede M 1 fM arb. Die Rd mit 1 Km in die 1. fM schließen.
18 R: Über 22 M (= nur Vorderseite) 1 Picot und 1 Km im Wechsel häkeln. Nach dem 11. Picot 1 Km in die folgende fM arb (dabei keine M übergehen), den Faden abschneiden.
19. Rd: Nach der letzten Km der 18. R den Faden neu anschlingen und die Arbeit fortsetzen und in die restlichen 22 M je 1 fM häkeln.

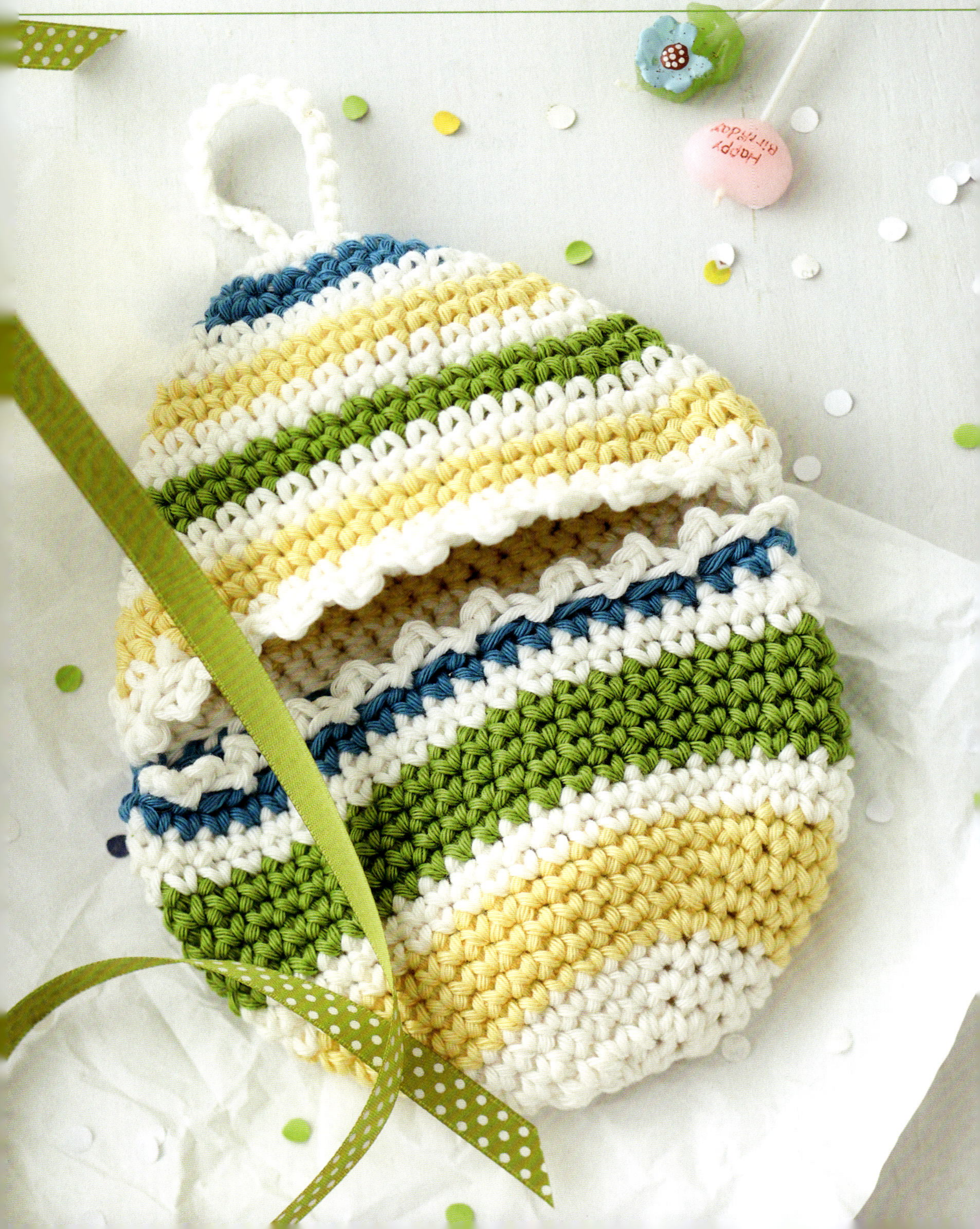
Happy Birthday

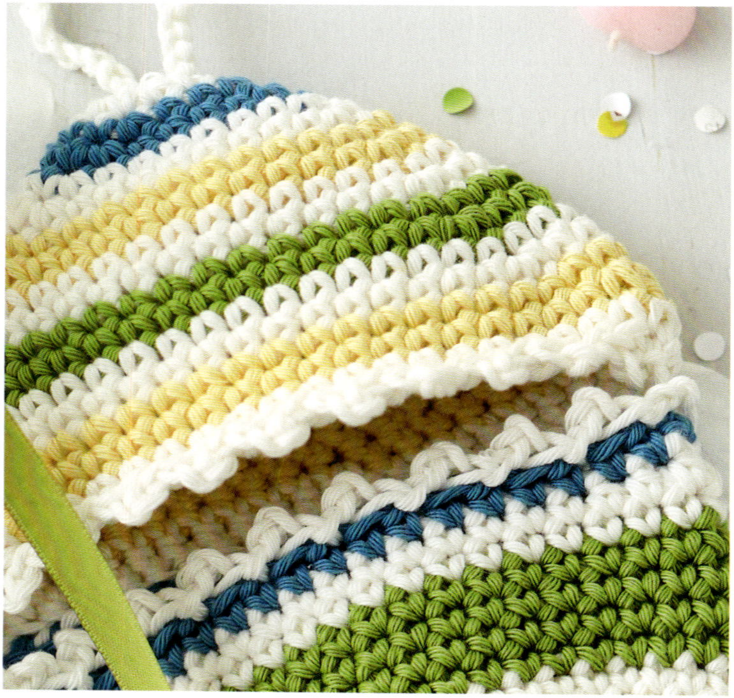

Unteres Teil

In Natur einen Magic-Ring fertigen und wie folgt fM in Spiral-Rd häkeln, dabei die Fb wie angegeben wechseln:

1. Rd: 1 Steige-Lm, 10 fM in den Ring häkeln.

2. Rd: Jede M verdoppeln (= 20 M).

3. Rd: 3 fM, 1 Zunahme, 6 fM, 1 Zunahme, 3 fM (= 24 M).

4. Rd: 4 fM, 1 Zunahme, 8 fM, 1 Zunahme, 4 fM (= 28 M).

5. Rd (Vanille): 5 fM, 1 Zunahme, 10 fM, 1 Zunahme, 5 fM (= 32 M).

6. Rd: 6 fM, 1 Zunahme, 12 fM, 1 Zunahme, 6 fM (= 36 M).

7. Rd: 7 fM, 1 Zunahme, 14 fM, 1 Zunahme, 7 fM (= 40 M).

8. Rd: In jede M der Vor-Rd 1 fM häkeln.

9. Rd (Natur): 8 fM, 1 Zunahme, 16 fM, 1 Zunahme, 8 fM (= 44 M).

10. Rd: In jede M der Vor-Rd 1 fM häkeln.

11.-14. Rd (Apfel): In jede M der Vor-Rd 1 fM häkeln.

15. Rd (Natur): In jede M der Vor-Rd 1 fM häkeln.

16. Rd: 11 fM, 4 hStb, 18 fM, 4 hStb, 7 fM, 1 Km in die 1. fM.

Beim Häkeln in Rd verschiebt sich der Rd-Übergang automatisch nach rechts. Durch die 16. Rd wird dieser Versatz etwas ausgeglichen und die Seiten etwas erhöht. Die Seitenränder liegen jetzt jeweils zwischen dem 2. und 3. hStb.

17. Rd (Lagune): Im 3. hStb der Vor-Rd mit 1 Km neu anschlingen und 1 fM häkeln, dann in jede M 1 fM arb. Die Rd mit 1 Km in die 1. fM schließen.

18. R (Natur): Über 22 M (= nur Vorderseite) 1 Picot und 1 Km im Wechsel häkeln. Nach dem 11. Picot 1 Km in die folgende fM arb (dabei keine M übergehen), den Faden abschneiden.

19. Rd: Nach der letzten Km der 18. R den Faden neu anschlingen und die Arbeit fortsetzen und in die restlichen 22 M je 1 fM häkeln.

Fertigstellen

Den unteren und oberen Teil über die 22 fM rechts auf rechts legen und die 22 fM mit Überwendlichstichen zusammennähen, da bei jeweils nur die außenliegenden M-Glieder erfassen. Für den Aufhänger in Natur 20 Lm häkeln. Die Enden der Lm-Kette durch die Öffnung des Magic-Rings des oberen Teils ziehen und auf der Innenseite verknoten. Alle Fäden vernähen.
Den zweiten Topflappen ebenso arb.

Für den Bart werden einzelne Fäden eingeknüpft. Nase und Bommel werden in Spiralrunden gearbeitet und mit Füllwatte ausgestopft.

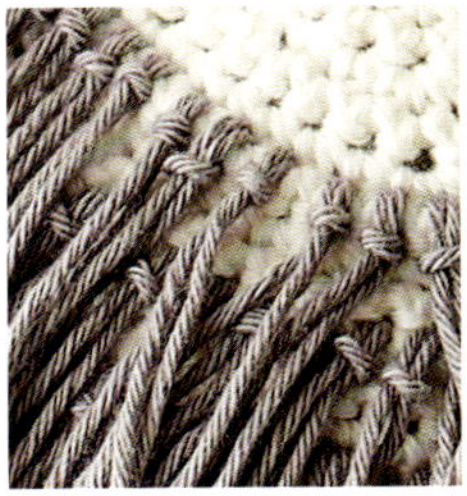

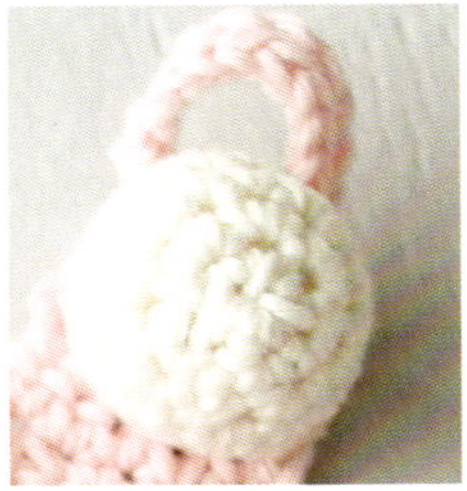

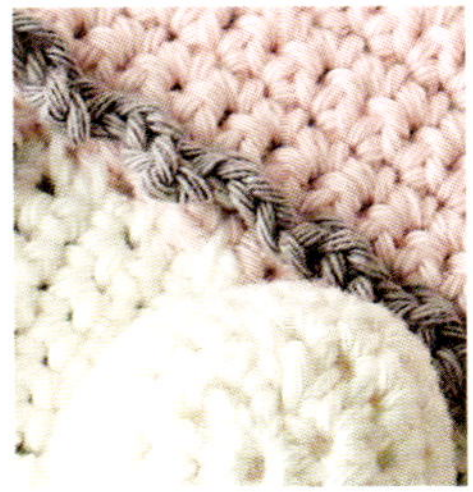

Knuddeliger Wichtel

tolle Geschenkidee

GRÖSSE
Breite: ca. 17 cm
Höhe: ca. 40 cm

MATERIAL

- Buttinette Woll Butt Schulgarn (LL 115 m/50 g) in Rosa (Fb 240.68), Natur (Fb 240.78) und Mittelgrau (Fb 102.82), je 50 g
- Häkelnadel 3,0 mm
- Füllwatte (Reste)
- Wollnadel

MASCHENPROBE
fM mit Nd 3,0 mm
20 M und 20 R
= 10 cm x 10 cm

Picot

Für 1 Picot 2 Lm häkeln, 1 Km in die 1. Lm arb und jeweils 1 M der Vor-Rd überspringen.

Anleitung

Gesicht (Halbkreis)

In Natur 5 Lm und 1 Wende-Lm (zählt nicht als M) locker anschl und wie folgt fM in R häkeln:

1. R (Hinr): 1 fM in die 2. Lm von der Nd aus arb, 3 fM, 3 fM in die letzte Lm häkeln, dann auf der anderen Seite der Lm-Kette weiterhäkeln: 4 fM, 1 Wende-Lm, Arbeit wenden (= 11 M).

2. R (Rückr): 3 fM, 3 M verdoppeln, 4 fM, 1 Wende-Lm, Arbeit wenden (= 13 M).

3. R: 3 fM, * 1 fM, 1 M verdoppeln, ab * noch 2x wdh, 4 fM, 1 Wende-Lm, Arbeit wenden (= 16 M).

4. R: 3 fM, * 1 M verdoppeln, 2 fM, ab * noch 2x wdh, 4 fM, 1 Wende-Lm, Arbeit wenden (= 18 M).

5. R: 3 fM, * 1 M verdoppeln, 3 fM, ab * noch 2x wdh, 4 fM, 1 Wende-Lm, Arbeit wenden (= 21 M).

6. R: 3 fM, * 1 M verdoppeln, 4 fM, ab * noch 2x wdh, 4 fM, 1 Wende-Lm, Arbeit wenden (= 24 M).

Nach diesem Schema weiterhäkeln und in jeder R 3 M wie beschrieben zunehmen und zwischen den Zunahmen immer 1 M mehr arb, bis insgesamt 72 M erreicht sind (= 22 R). Die letzte R beenden mit 3 fM, 1 Km in die letzte M.

Faden trennen und durchziehen.

Nase

In Natur einen Magic-Ring fertigen und wie folgt fM in Spiral-Rd häkeln:
1. Rd: 8 fM in den Ring häkeln.
2. Rd: Jede M verdoppeln (=16 M).
3. Rd: Jede 2. M verdoppeln (=24 M).
4.+5. Rd: 24 fM häkeln.
6. Rd: Jede 3. und 4. M zusammen abmaschen (=18 M).
7. Rd: Fortlaufend 2 M zusammen abmaschen (=9 M).
Faden trennen und durch die restlichen M fädeln. Die Öffnung noch nicht schließen, die Nase mit etwas Füllwatte ausstopfen, dann den Faden fest zusammenziehen und so die Öffnung schließen. Die Nase gemäß Foto auf das Gesicht nähen.

Mütze

Die obere Kante des Halbkreises (Gesicht) in Rosa mit 33 fM behäkeln (1. R = Rückr) und in R mit fM wie folgt weiterarb:
2. R (Hinr): 1 Wende-Lm, 33 fM, Arbeit wenden.
3. R (Rückr): 1 Wende-Lm, 33 fM, Arbeit wenden.
4. R: 1 Wende-Lm, 2 fM zusammen abmaschen, 29 fM, 2 fM zusammen abmaschen, Arbeit wenden (=31 M).
5. R: 1 Wende-Lm, 31 fM, Arbeit wenden.
6. R (Hinr): 1 Wende-Lm, 31 fM, Arbeit wenden.
7. R (Rückr): 1 Wende-Lm, 31 fM, Arbeit wenden.
8. R: 1 Wende-Lm, 2 fM zusammen abmaschen, 27 fM, 2 fM zusammen abmaschen, Arbeit wenden (=29 M).
Nach diesem Schema weiterhäkeln und in jeder 4. R 2 M wie beschrieben abnehmen, bis noch 3 M übrig sind. In der nächsten R alle 3 M zusammen abmaschen. Den Faden nicht trennen, sondern für den Aufhänger 10 Lm anschl und mit 1 Km in die 1. Lm zum Ring schließen. Dann die Lm-Kette mit 1 Rd fM behäkeln. Faden trennen und durchziehen.

Bommel für die Mütze

In Natur einen Magic-Ring fertigen und wie folgt fM in Spiral-Rd häkeln:
1. Rd: 6 fM in den Ring häkeln.
2. Rd: Jede M verdoppeln (=12 M).
3.+4. Rd: 12 fM häkeln.
5. Rd: Jede 2. und 3. M zusammen abmaschen (=8 M).
6. Rd: Fortlaufend 2 M zusammen abmaschen (=4 M).
Faden trennen und die restlichen M fädeln. Die Öffnung noch nicht schließen, die Bommel mit etwas Füllwatte ausstopfen, dann den Faden fest zusammenziehen und so die Öffnung schließen. Die Bommel unterhalb vom Aufhänger an die Mütze nähen.

Fertigstellen

In Grau entlang des Mützenrandes 1 R Picots häkeln. Fäden vernähen.
Für den Bart etwa 30 cm lange Fäden in Grau in 3 R des Gesichts einknüpfen (siehe Foto).
Den zweiten Topflappen ebenso arb.

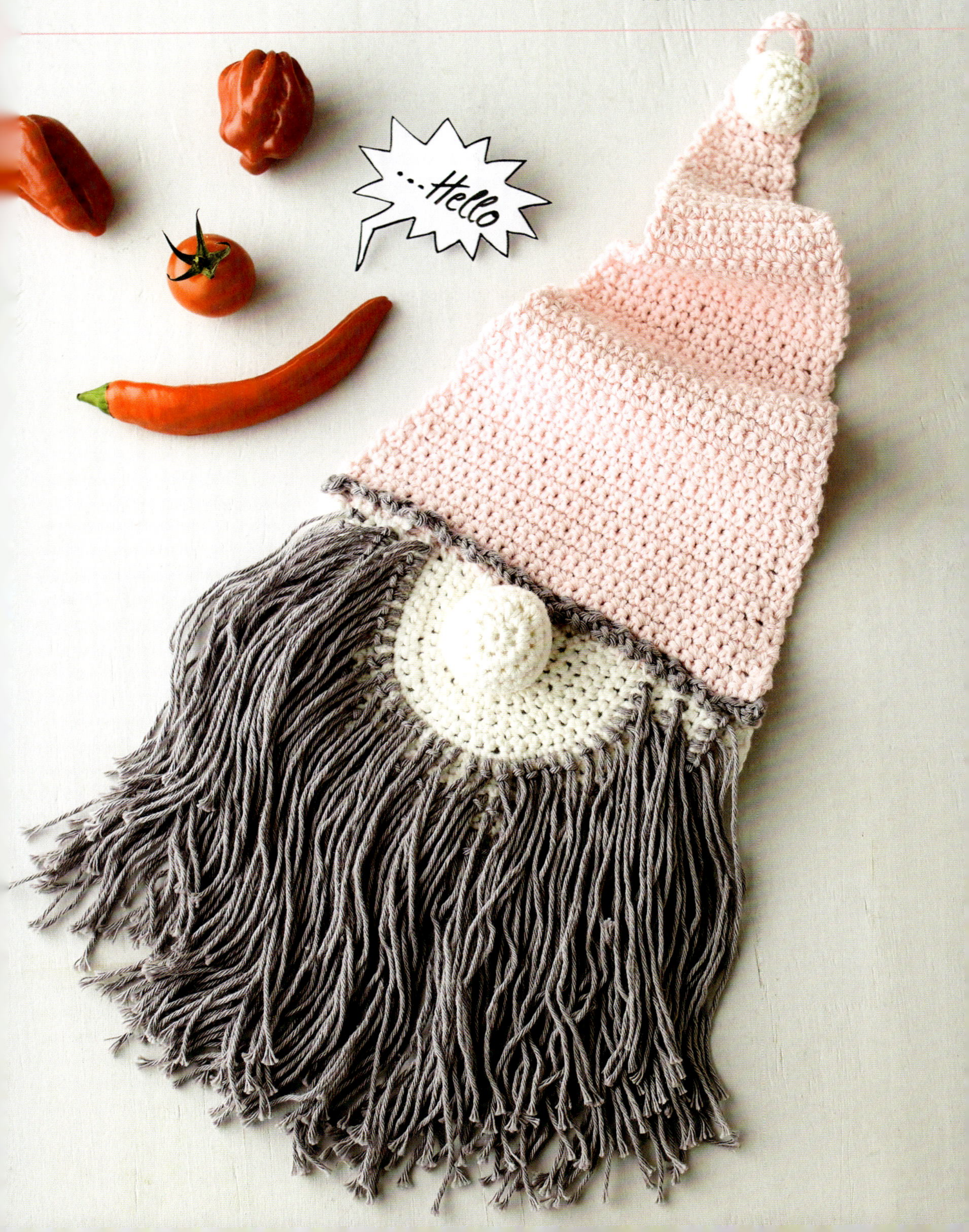
...Hello

Kugelrundes Faultier

hilft fleißig in der Küche

Picot

Für 1 Picot 2 Lm häkeln, 1 Km in die 1. Lm arb und jeweils 1 M der Vor-Rd überspringen.

Anleitung

Rückseite

Mit Nd 4,0 mm je 1 Faden in Taupe und 1 Faden in Fango einen Magic-Ring fertigen und wie folgt Stb in Spiral-Rd häkeln:

1. Rd: 1 Lm, 1 fM, 1 hStb, 10 Stb in den Ring (=12 M).

2. Rd: 2 Stb in jede M (=24 M).

3. Rd: * 1 Stb in das nächste Stb, 2 Stb in das nächste Stb, ab * noch 5x wdh (=36 M).

4. Rd: * Je 1 Stb in die nächsten 2 Stb, 2 Stb in das nächste Stb, ab * noch 5x wdh (=48 M).

Nach diesem Prinzip fortfahren, dabei in jeder Rd 1 Stb mehr zwischen den Zunahmen häkeln, bis ein Durchmesser von ca. 22 cm (=96 Stb) erreicht ist. Anschließend noch 1 Stb, 1 hStb, 1 fM und 1 Km häkeln.

Den Faden trennen und durchziehen.

Gesicht

Mit Nd 4,0 mm und je 1 Faden in Natur und 1 Faden in Leinen einen Magic-Ring fertigen und wie folgt in Rd häkeln:

1. Rd: 2 Steige-Lm (zählen als 1. Stb), 11 Stb in den Ring, 1 Km in die 2. Steige-Lm (=12 M).

2. Rd: 2 Steige-Lm, jede M verdoppeln, 1 Km in die 2. Steige-Lm (=23 M).

3. Rd: 2 Steige-Lm, * 1 Stb verdoppeln, 1 Stb, ab * noch 5x wdh, dann 1 Stb verdoppeln, dabei in dieselbe Einstichstelle arb wie das vorherige Stb, ** 1 Stb, 1 Stb verdoppeln, ab ** noch 4x wdh, 1 Km in die 2. Steige-Lm (=36 M).

4. Rd: 1 Steige Lm, 1 fM, die nächsten 6 Stb verdoppeln, 2 Stb, 3 hStb, 5 fM, 3 fM in die nächste M der Vor-Rd, 5 fM, 3 hStb, 2 Stb, die nächsten 6 Stb verdoppeln, 1 fM, 1 Km in die Steige-Lm (=48 M).

5. Rd: 1 Steige-Lm, 1 fM, 1 hStb, [1 hStb und 1 Stb] in die nächste M, die nächsten 6 Stb verdoppeln, 3 Stb, 2 hStb, 19 fM, 2 hStb, 3 Stb, die nächsten 6 Stb verdoppeln, [1 Stb und 1 hStb] in die nächste M, 1 fM, 1 Km in die Steige-Lm (=61).

6. Rd: 1 Steige-Lm, 61 fM, 1 Km in die Steige-Lm.

7. Rd: 1 Steige-Lm, 30 fM, 3 fM in 1 M, 30 fM, 1 Km in die Steige-Lm (=63 M).

8. Rd: 1 Steige-Lm, 31 fM, 3 fM in 1 M, 31 fM, 1 Km in die Steige-Lm (=65 M).

9. Rd: 1 Steige-Lm, 32 Picots, 1 Km in die Steige-Lm.

Den Faden trennen und durchziehen.

Auge (2x)

Mit doppeltem Faden in Taupe und Nd 4,0 mm 4 Lm und 1 Wende-Lm locker anschl und wie folgt in Rd um die Lm-Kette herum häkeln:

1. Rd: 1 fM in die 2. Lm von der Nd aus arb, 3 fM, 3 fM in die letzte Lm häkeln, dann auf der anderen Seite der Lm-Kette weiterhäkeln: 2 fM, 2 fM in die 1. Lm.

2.+3. Rd: 1 Steige-Lm, 11 fM, Km.

Den Faden trennen und durchziehen.

Das zweite Auge ebenso arb.

Pupillen

Mit 1 Faden in Schwarz und Nd 3,0 mm einen Magic-Ring fertigen und 12 Stb in den Ring häkeln, mit 1 Km schließen.

Den Faden trennen und durchziehen.

Die zweite Pupille ebenso arb.

Nase

Mit 1 Faden in Taupe und Nd 3,0 mm einen Magic-Ring fertigen und 12 Stb in den Ring häkeln, mit 1 Km schließen.

Den Faden trennen und durchziehen.

Fertigstellen

Die Lichtreflexe in den Augen mit 1 Faden in Natur auf die Pupillen sticken. Die Pupillen auf die Augen, dann Augen und Nase auf das Gesicht nähen. Rückseite und Gesicht aufeinanderlegen und mit Überwendlichstichen zusammennähen, dabei jeweils nur die oben liegenden M-Glieder erfassen.

Für den Aufhänger mit 1 Faden in Fango und 1 Faden in Schwarz und Nd 4,0 mm 10 Lm anschl. Die Enden der Lm-Kette durch eine M am Topflappen ziehen und zum Ring schließen, die Lm mit 10 fM behäkeln. Faden trennen und durchziehen. Fäden vernähen.

Den zweiten Topflappen ebenso arb.

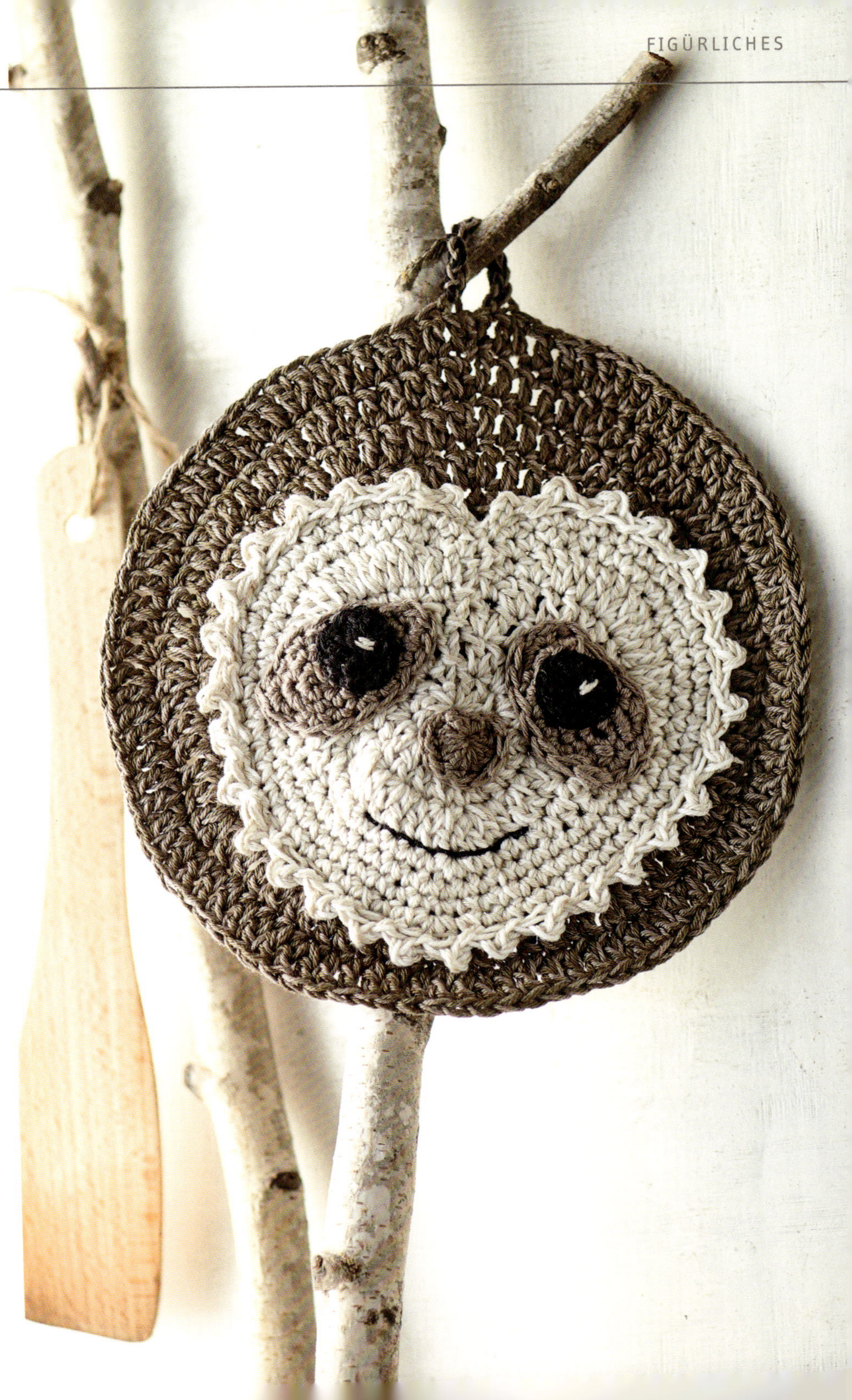

GRÖSSE

ø ca. 22 cm

MATERIAL

- Schachenmayr Catania (LL 125 m/50 g) in Natur (Fb 105), Fango (Fb 387), Leinen (Fb 248), Taupe (Fb 254) und Schwarz (Fb 110), je 50 g (oder Reste)
- Häkelnadeln 3,0 mm und 4,0 mm
- Wollnadel

MASCHEN-PROBE

Stb mit Nd 4,0-4,5 mm und doppeltem Faden
15 M und 10 R = 10 cm x 10 cm

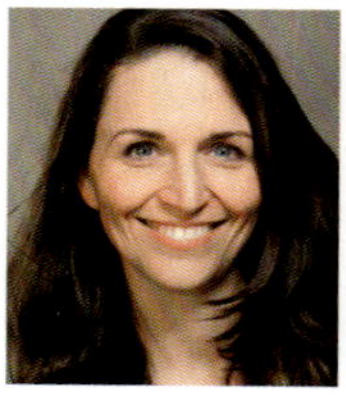 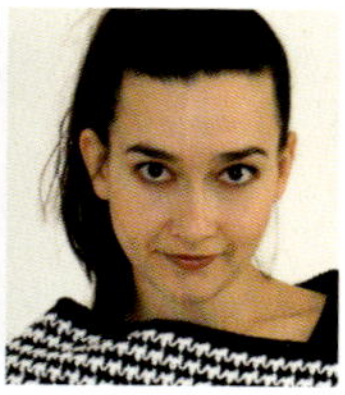

Karen Luick studierte Mode-Design an der namhaften Universität Cincinnati, USA. Nach ihrem Abschluss als Diplom-Designerin zog es sie nach Deutschland. Hier zeichnete sie jahrelang für das weltweite Design & Marketing der Marken Schoeller, Austermann, Schachenmayr und Regia verantwortlich. 2016 gründete sie Knitbiz, eine Design-Manufaktur, deren Spektrum vom Erstellen von Einzelstudien für die großen Garnhersteller bis zur gestalterischen Verantwortung bei der Positionierung neuer Marken reicht.

Jennifer Stiller, Jahrgang 1979, ist gelernte Werbekauffrau und hat Grafikdesign studiert. Sie lebt in Düsseldorf und hat mit der Geburt ihrer Tochter die Liebe zur Handarbeit wiederentdeckt. Das Häkeln hat sie schon als kleines Kind von ihrer Großmutter gelernt.

DANKE!

Wir danken folgenden Firmen für die Unterstützung bei diesem Buch:
buttinette Textil-Versandhaus GmbH (www.buttinette.de)
Gedifra SRL (www.gedifra.com)
Lana Grossa GmbH (www.lanagrossa.de)
Prym Consumer Europe GmbH (www.prym-consumer.com)
ReTwisst (www.retwisst.com)
Rico Design GmbH & Co. KG (www.rico-design.de)
MEZ GmbH (www.schachenmayr.com)

TOPP – Unsere Servicegarantie

WIR SIND FÜR SIE DA! Bei Fragen zu unserem umfangreichen Programm oder Anregungen freuen wir uns über Ihren Anruf oder Ihre Post. Loben Sie uns, aber scheuen Sie sich auch nicht, Ihre Kritik mitzuteilen – sie hilft uns, ständig besser zu werden.

Bei Fragen zu einzelnen Materialien oder Techniken wenden Sie sich bitte an unseren Kreativservice, Frau Erika Noll.
mail@kreativ-service.info
Telefon 0711/12 37 57 20

Das Produktmanagement erreichen Sie unter:
pm@frechverlag.de
oder:
frechverlag
Produktmanagement
Dieselstraße 5
70839 Gerlingen
Telefon 07 11 / 8 30 86 68

LERNEN SIE UNS BESSER KENNEN! Fragen Sie Ihren Hobbyfach- oder Buchhändler nach unserem kostenlosen Magazin **Meine kreative Welt**. Darin entdecken Sie dreimal im Jahr die neuesten Kreativtrends und interessantesten Buchneuheiten.

Oder besuchen Sie uns im Internet! Unter **www.topp-kreativ.de** können Sie sich über unser umfangreiches Buchprogramm informieren, unsere Autoren kennenlernen sowie aktuelle Highlights und neue Kreativtechniken entdecken, kurz – die ganze Welt der Kreativität.

Kreativ immer up to date sind Sie mit unserem monatlichen **Newsletter**. Für aktuelle Infos, Gratis-Anleitungen und Gewinnspiele gleich anmelden unter **www.TOPP-kreativ.de/Newsletter**

IMPRESSUM

MODELLE: Karen Luick (S. 19, 22-46), Jennifer Stiller (S. 2-16, 20)
FOTOS: frechverlag GmbH, 70839 Gerlingen; lichtpunkt, Michael Ruder, Stuttgart
PRODUKTMANAGEMENT: Claudia Mack
LEKTORAT: Regina Sidabras, Berlin
GESTALTUNG: Petra Theilfarth
DRUCK: POLYGRAF PRINT spol. s r.o.

5. Auflage 2024

ISBN 978-3-7724-6854-4 • Best.-Nr. 6854

MIX Papier | Fördert gute Waldnutzung
FSC www.fsc.org FSC® C023577

Penguin Random House Verlagsgruppe FSC® N001967